Inhalt

Ein wissenschaftlicher Großversuch an Männern, die ohne weibliche Hilfe überleben müssen, hat interessante Ergebnisse gebracht: Die Testreihen beweisen, daß einige der Versuchsmänner nach wenigen Tagen des Auf-sich-gestellt-Seins lernten, einen Kühlschrank zu öffnen und Nahrung herauszuholen. Obwohl die Bedienung der Küchengeräte zugegebenermaßen kompliziert ist, schafften es acht von zehn Testmännern, einen Elektroherd einzuschalten, einen Topf zu finden und die zu kalte Nahrung aufzuwärmen. 0,4 Prozent der Testmänner entwickelten sogar eigenständige Gerichte. Die Schlußfolgerung der WissenschaftlerInnen, die die Versuchsreihe begleiteten: Um ihre Überlebensfähigkeit zu steigern, sollten Männer Survivalkurse, beispielsweise bei Volkshochschulen, belegen, in denen ihnen die simplen Grundregeln des Überlebens in einer Großstadt beigebracht werden. In diesen Kursen könnten so differenzierte Fähigkeiten wie der Umgang mit einer Waschmaschine, Bügeln, Einkaufen und dergleichen gefördert werden. Wissenschaftlich gesehen stehen die Chancen nicht schlecht, daß auf diese Weise auch alleinstehende Männer überleben können.

Luisa Francia

Die schmutzige Frau

Frauenoffensive

1. Auflage, 1992
© Verlag Frauenoffensive, München 1991
(Knollerstr. 3, 8000 München 40)

ISBN 3-88104-226-1

Satz: Ursula Benz, München
Druck: Clausen & Bosse, Leck
Umschlaggestaltung: Frauke Bergemann, München
unter Verwendung eines Motivs von Luisa Francia

Dieses Buch ist gedruckt auf Papier aus chlorfrei gebleichtem Zellstoff.

I.

ZUM AUS-DER-HAUT-FAHREN

DIE EIGENE HAUT RETTEN...

Fangen wir mit einem kleinen Versuch an: Stell dir vor, du liegst im Bett, überall krabbeln Ameisen, Käfer, Maden – juckt's schon? Oder: Die Kinder erzählen, daß es in der Schule Läuse gibt. Plötzlich fangen alle an, sich am Kopf zu kratzen. Die Haut ist ehrlich. Was sie fühlt, macht sie sichtbar. Was wir der Haut zumuten, geht allerdings auf keine Kuhhaut. Davon handelt dieses Buch, aber auch davon, wie die Haut wieder als Trommelhaut, als Spielplatz der Gefühle, als Eihaut, als schützende Hülle, als Grenze zwischen Innen- und Außenwelt, als größtes Atemorgan des Körpers erlebt werden kann. Wir müssen uns wieder auf die faule Haut legen, müssen lernen, Zerstörung nicht unter die Haut gehen zu lassen, mit Haut und Haar eintauchen in wohliges Spielen und vor allem die vielen Häute kennenlernen, die uns umgeben.

Ich liebe den Schmutz. Schmutz ist ehrlich. Die Sauberkeit ist der Zustand „danach", wenn alles „bereinigt", „unter den Tisch gefegt" ist. Sauber, rein, keusch – wie sehr haben diese Worte, diese Forderungen immer wieder meine Identität als Frau irritiert, gestört. Gibt es etwas Schlimmeres als die Drohung an ein junges Mädchen, es würde „auf der Straße", „in der Gosse", im Dreck als Pennerin enden? Wir hören und sehen von der Sauberkeit, vom sich Waschen, Reinigen, Polieren. Vom Dreck und von der Scheiße hören wir nichts, obwohl die Verdauung genauso wichtig ist wie die Nahrungsaufnahme, obwohl in der sterilen Sauberkeit nichts wachsen kann, obwohl Dreck nichts anderes ist als die Erde und die Ablagerungen, die wir produzieren. Die saubere Kernenergie. Das Formaldehyd, an dem sich keiner die Hände dreckig macht, das Dioxin, das niemand sieht und riecht. Wie wunderbar rein wäscht Meister Proper, der Sklaventreiber von Millionen Hausfrauen. Der General läßt uns nicht vergessen, daß das Familienleben eine Schlacht ist, die nur einer gewinnen kann.

Es geht mir in diesem Buch nicht darum, ein Patentrezept aufzustellen, neue Tabus und Verbote auszurufen oder alles besser zu wissen. Ich biete ein radikales Denkmodell an, entwerfe einen Körperkosmos, der ganz auf Kommunikation zwischen Innen- und Außenwelt basiert. Im Sinne der weisen Frauen aus frühen Zeiten spielt sich im Kleinen dasselbe ab wie im Großen, und was in der Mikrowelt zerstört wird, wirft lange Schatten auf das ganze Universum. Sogar bis zu den Wissenschaftlern hat sich das jetzt durchgesprochen (Stichwort: Chaosforschung). Das heißt, wenn wir im Innersten, im Mikrokosmos unseres Körpers alles zerstören, was uns stört, werden wir das auch im Äußersten tun. Wer nicht kooperativ und kommunikativ im Körper leben kann, wird das wohl kaum in der Welt schaffen. Wenn du das Fremde, das Andere, das Unbekannte nicht erträgst, führst du einen lebenslangen verbissenen Kampf.

Meine Großmutter hatte Schuppenflechte, meine Mutter hat dazu auch noch Asthma, ich hatte alle möglichen Lebensmittel- und sonstigen Allergien, meine Tochter hatte Neurodermitis und Heuschnupfen, nur meine kettenrauchende Tante hat gar nichts. Ihre Sauerstoffzufuhr beschränkt sich weitgehend auf den Gang zum Zigarettenautomaten. Ihr Zugang zu Gesundheit und Krankheit ist nicht spurlos an mir vorübergegangen. Von ihr stammt unter anderem der Satz: „Ich weiß gar nicht, was ihr alle mit eurem Gewicht habt, ich halte meine achtzig Kilo mühelos." Insgesamt ist meine Familie nicht sehr schulmedizingläubig. Meine Mutter trägt zum Beispiel für alle Arten von Krankheiten ein von Zigeunern destilliertes Minzeöl mit sich herum, auf das ich noch zu sprechen komme.

Als meine Tochter im tropischen Pampersklima Windeldermatitis entwickelte, versuchten wir folglich erst einmal alle Hausmittel, aber nach Absetzen der Pampers ging zwar die Entzündung am Po zurück, dafür spielte jetzt die Haut in den Arm- und Beinbeugungen verrückt. Alle konsultierten Ärzte waren sich einig: Da hilft nur Cortison. Ich leistete mir für 200 Mark eine Audienz beim Haut-Papst in München. Für die zwei Lappen bekam ich zwei Sätze: 1. Lassen Sie das Kind ruhig verdrecken, die Wascherei bringt gar nichts, wenn Sie es baden, geben Sie Olivenöl dazu. 2. Wickeln Sie es mit Stoffwindeln. Ich stockte zum Nulltarif ein paar zusätzliche Maßnahmen auf: Fußsohlen kitzeln, Rücken kraulen, bis der ganze Körper völlig entspannt war, barfuß laufen und nackt herumlaufen lassen, so oft es ging.

Wallis Haut erholte sich. Bald war sie glatt und schön, als hätte es nie eine Irritation gegeben.

Noch eine Überraschung erlebte ich: Nicht in Deutschland, dem Land der unbegrenzten kosmetischen und hygienischen Möglichkeiten, wurde ihre Haut glatt und schön, sondern in Afrika, wo sie zum Hohn aller tropenärztlichen Empfehlungen mit ihrem Vollplastik-Gymnastikanzug und einem Acrylröckchen, das sie mir in einem Gebrauchtwarenladen mit mehreren Tobsuchtsanfällen abgetrotzt hatte, barfuß, daumenlutschend und ihr Nukkeltuch durch den afrikanischen Staub ziehend herumsprang. Während wir Erwachsenen uns auf dieser Reise von der Hepatitis bis zur Ruhr alles holten, was die afrikanische Erregerauswahl zu bieten hat, holte Walli sich weder auf dieser noch auf einer anderen Reise auch nur die geringste Krankheit. Sie aß mit Einheimischen, kletterte auf Palmen, tauschte ihr rosa Kindertelefon gegen einen lebendigen Gecko ein, verhandelte, sang und steckte immer wieder zwischendurch ihren Daumen in den Mund, zog sich den Schmachtfetzen unter der Nase durch, legte sich mit den anderen Kindern in den Dreck, streichelte Hunde, Katzen und kleine Schweine... Nie war ihre Haut so samtig, so rein, so frei von Ausschlag. Da erfüllte mich zum erstenmal die Gewißheit, daß die Haut mehr mit Glück und Unglück als mit Dreck und Sauberkeit zu tun hat.

Meinen ersten Ausschlag, der mich durch die ganze Kindheit verfolgte, hatte ich bezeichnenderweise einen Tag vor Nikolaus, und er hieß folglich „mein Nikolausausschlag". Ohnehin war ich nicht in der Lage, dem weißhaarigen Kerl ein Lied zu singen, weil ich immer auf die Kette wartete, die vor der Tür rasseln würde. Leider viel zu spät erfuhr ich, daß der Krampus, der „Böse" von der alten Bauernmagd Anni gespielt wurde, die ich mitsamt ihrem Hund Lumpi abgöttisch liebte. Mein Ausschlag, von dem Ärzte vernünftigerweise behaupteten, er käme von Mandarinen und Orangen und könne auch im Sommer gelegentlich als Unverträglichkeit im Zusammenhang mit Pfirsichen und Erdbeeren auftreten, was er folglich auch tat, verschwand, als ich entdeckte, daß der Nikolaus in Wirklichkeit das Kohlpaintner Pepperl war. Geblieben ist meine Neigung, Schrecken oder Angst, Streß oder Wut auf der Haut sichtbar zu machen.

Während der Vorarbeiten zu diesem Buch stand ich oft fassungslos vor der Verschleierungstaktik der Fachleute in bezug auf Hautkrankheiten. Ich glaube, es würde sich in unserem Denken einiges verändern, wenn es nicht mehr „Haut- und Geschlechtskrankheiten", sondern „Haut-, Atemwegs- und Umweltkrankheiten" heißen würde. Denn Hautkrankheiten gehen heute fast nur noch mit Atemwegserkrankungen und Heuschnupfen einher, seit die Syphillis keine Volksseuche mehr ist. Dadurch, daß aber die Haut für moralische Beurteilungen herhalten muß, wird der Zusammenhang zwischen Hautausschlägen, Allergien, Ekzemen und dem mörderischen Autoverkehr, der vergifteten Luft, dem nitrat- und pestizidhaltigen Wasser und dem Gift in der Nahrung elegant verwischt. Ich bin zu verschiedenen Hautärzten gegangen und konnte es nicht fassen, wie nachlässig, wie gleichgültig und fahrlässig die Ärzte HautpatientInnen gegenüber sind. Beim Besuch der Hautklinik in München hatte ich vom Studium der vielen Hautkrankheitsbücher einen roten Ausschlag im Gesicht. Aber auch wenn ich dort zwei Warzen oder eine Giraffe gehabt hätte, wäre es für den Arzt unerheblich gewesen, weil er mich gar nicht anschaute. Er starrte auf mein (leeres) Registraturblatt, fragte mich nach meinen Symptomen. Ich beschrieb den Ausschlag und wartete auf Nachfragen, die nicht kamen. Ich erzählte ihm Geschichten. Er griff unter den Tisch, klaubte zwei hellblaue Packungen hervor und riet mir, das auf die Haut zu schmieren und das nächste Mal bereits vor dem Ausschlag die Tabletten zu nehmen. „Woher soll ich wissen, wann der nächste Ausschlag kommt?" fragte ich irritiert. „Bei Herpes kündigt sich das durch kribbelndes Jucken an", meinte er und verriet mir damit, daß er mein für ihn nicht wahrnehmbares Problem für Herpes hielt und mir ein Herpespräparat überreichen wollte. „Entschuldigung", sagte ich. „Ich glaube nicht, daß ich einen Herpes habe." „Das können Sie mir gern glauben", sagte er. „Ihre Schilderung ist typisch." Ich fragte mich, welche meiner Geschichten für ihn typisch gewesen war und ob er wohl bei jeder

Geschichte, die ihm erzählt wurde, so lange wartete, bis er etwas erkannte. Ich nahm die beiden Präparate mit nach Hause. Im Beipackzettel stand unter Nebenwirkungen: Noch keine bekannt. Bitte teilen Sie Ihre Erfahrungen Ihrem Arzt mit.

Einen anderen Hautarzt suchte ich ohne jedes Symptom auf, erzählte ihm, was übrigens der Wahrheit entspricht, daß mich vor Jahren eine Tropenspinne gebissen hat und daß dieser Biß jedes Jahr neu aufblüht. Er gab mir ein Cortisonpräparat mit, das als solches nicht zu erkennen war, denn Cortison kam weder im Namen noch in der Zusammensetzungsbeschreibung vor. Wenn das Ekzem, wie er es schon ganz vertraut nannte, auftauche, solle ich die Salbe draufschmieren, dann gehe es von selbst weg. Was ich übrigens bei den Nebenwirkungen der Salbe gut verstehen kann. Von der Haarbalgentzündung über Dünnerwerden der Haut bis zu Knochenerweichungen, Herzflattern und Cortisonekzemen (die ich mir allerdings in der Fachliteratur anlesen mußte) war alles geboten. Hätte ich mir vier Wochen lang die Haut mit dieser Salbe zugeschmiert, hätte ich zu einem nicht existierenden Ekzem ein Cortisonekzem bekommen, und meine Haut wäre bei einer Langzeittherapie cortisonsüchtig geworden. Eine Hautärztin bescheinigte mir, daß ich hysterisch sei und bei einer vernünftigen Lebensführung, was immer das ist, Allergien zurückgingen. Ein Hautarzt, bei dem ich mit Wallis Windeldermatitis war, fragte mich, ob ich in einer Wohngemeinschaft lebe, und als ich bejahte, nickte er nur, stellte fest, daß es sich um Krätze handle, und gab mir Jacutin, von dem er allen Ernstes glaubte, daß ich es auf das rohe Fleisch auftragen würde.

Bei all diesen Vorschlägen und Abwehraktionen der Ärzte (PatientInnen-Abwehr) mußte ich an den Witz denken, den meine Mutter mir mal erzählt hatte: Heute geh'

11

ich zum Arzt, denn der muß auch leben. Der verschreibt mir was, denn die Pharmaindustrie muß auch leben. Das kauf' ich in der Apotheke, denn die müssen auch leben. Und dann schmeiß' ich das ganze Zeug weg, denn ich will auch leben.

Der schulmedizinische Weg erwies sich bei meinen Erfahrungen mit Hautreaktionen aller Art als der schlechteste. Disziplinierung, Demütigung, Unverständnis und dann die Bombardierung mit allen möglichen Testpräparaten aus der chemischen Industrie halfen mir nicht weiter. Ich habe nicht einen Arzt, nicht eine Ärztin über die „ehrliche Haut" sprechen hören. Kein Fachmensch würdigte die Haut als Sensor für Umweltgifte, als Ausdruck für den Widerstand im Körper. Da wurde nur von atopischen Ekzemen gelabert, was zu deutsch auch nichts anderes heißt als „merkwürdiger Ausschlag".

Ich fing an, meine Haut in Schutz zu nehmen, bei allergischen Reaktionen nachzufragen, und die wichtigste Erkenntnis überhaupt, die ich gleich vorwegnehme, war: Die Haut sucht das Glück. Radikaler als der Kopf und alle anderen Organe ist die Haut auf Wohlbefinden aus, vielleicht weil sie die äußere Grenze der Innenwelt ist und sich ununterbrochen der Außenwelt stellen muß. Mir ist mittlerweile wohl in meiner Haut, seit ich gelernt habe, ihre Sprache, ihre Signale, ihre Schreie zu verstehen.

Eine unerwartete Begleiterscheinung hat meine Arbeit an diesem Buch schon jetzt. Als mir klar wurde, daß der Giftausstoß aus Autos, auch katalysatorenbetriebenen, nicht nur Bäume, Gebäude, Tiere, sondern auch uns umbringt und das langsam und quälend, durch immer neue Krankheiten, Allergien, Immunschwächeerscheinungen, habe ich für immer mein Auto aufgegeben. Wenn der öffentliche Verkehr auch zu den letzten Abenteuern der

Menschheit zählt und ich dreimal täglich fluche, weil es aus meinem Dorf kein Entrinnen gibt, wenn ich den Bus verpaßt habe – ich bin über meine Entscheidung froh und hoffe, daß sie NachahmerInnen findet.

EIN ALPTRAUM WIRD WAHR

Als ich ein Kind war, wußte ich gar nicht, was Schadstoffe sind. Von Gift war nur die Rede, wenn wir gewarnt wurden, keine Tollkirschen zu essen und die Pilze, die wir fanden, vorher der Oma zu zeigen. Kinder heute wissen leider sehr genau, was Schadstoffe sind. Die Klasse meiner Tochter hat vor ein paar Jahren eine Untersuchung über die E-Stoffe, also die Konservierungsmittel, in Süßigkeiten durchgeführt, da waren die Kinder gerade mal vierzehn Jahre alt. Den Giften der Natur, denen wir gut ausweichen konnten, sind die Zivilisationsgifte gefolgt. Und denen können wir nicht mehr so einfach ausweichen. Was schlimmer ist: Wir gebrauchen sie selbst. Nachfrage regelt das Angebot. Wir selbst sind mit schuld, daß all diese grauenhaften Substanzen nicht nur produziert, sondern auch verwendet werden und damit langsam, aber unausweichlich die Erde, das Trinkwasser, die Luft und schließlich uns selbst vergiften. Da von Ärzten (aus einem Interessenkonflikt heraus, nehme ich an) selten der Zusammenhang zwischen Haut-, Atemwegserkrankungen und Umweltgiften hergestellt wird – lieber fragt man die Patientin zum hundertstenmal nach ungelösten Konflikten –, entsteht die paradoxe Situation, daß Menschen mit Haut- und Atemwegskrankheiten Auto fahren, giftige Batterien benützen, Kühlschränke mit giftiger Kühlflüssigkeit in der Küche stehen haben, exzessiv elektrischen Strom verbrauchen (ja, auch der Strom sorgt für Vergiftung, oder ist Atommüll, der endgelagert werden muß, kein Gift?), Kleidung mit giftiger

Imprägnierung oder Farbe/Bleiche tragen und giftige Putzmittel verwenden.

Der „Grenzwert", die „sichere Dosis" soll uns in heiterer Gelassenheit wiegen: Nichts kann passieren, die uns zugemutete Menge ist absolut unschädlich! Die cleveren Sprecher der Industrie labern uns in einen Dornröschenschlaf, aus dem wir nicht mehr aufwachen, wenn wir nicht schnell reagieren. Wir sind durch geschickte Public Relations-Kampagnen derart an Gifte wie Lindan, Dioxyn, PCB, PVC, an Nitrat und Nitrit, Cadmium, Pestizide, FCKW, Kohlenmonoxyd, Quecksilber, Blei und andere Schwermetalle gewöhnt, daß wir selbst auf den dümmsten Trick reinfallen: „Jetzt ohne FCKW!" zum Beispiel. Dabei hat die Industrie nur umverteilt. Die aufmüpfigen Hausfrauen wurden mit FCKW-freien Spraydosen aller Art versorgt, während die FCKW-Produktion weiter steigt und jetzt in der Autoindustrie verwendet wird – was einmal mehr zeigt, daß Männer für ihre Autos alles tun.

Es gibt keinen Grund mehr, Auto zu fahren, aber viele gute Gründe, ein besseres öffentliches Verkehrsnetz auszubauen. Autos sind nicht nur durch stinkende Auspuffe (CO_2) eine Belastung für die Umwelt, auch ihre Herstellung und die der Zulieferprodukte stellen eine Hauptbelastung der Luft und des Wassers dar. Das Märchen mit dem Kat können die sauberen Autohersteller doch ihren Beichtvätern erzählen. Der Kat arbeitet nicht, solange der Motor kalt ist, und da stößt der am meisten schädliche Substanzen aus. Er arbeitet auch nicht mehr, wenn die Geschwindigkeit mehr als hundert km/h beträgt. Hast du schon einmal einen BMW gesehen, der hundert gefahren ist? Ganz klar: Autos sind der Hauptfeind unserer Haut, unserer Lungen. Autos machen unsere Kinder bereits in den ersten Lebensjahren zu PatientInnen, zu lebenslänglich Leidenden. Daß die Benzolwerte in jeder Stadt bei Stoßverkehr bedenkenlos weit über die Grenzwerte steigen, von denen ich gar nicht weiß, warum es sie gibt, weil die Verkehrsverantwortlichen und die Umweltreferenten zugeben, daß sie kein Mittel wissen, diese Grenzwerte einzuhalten, ist für unsere Kinder fatal. Gerade sie bekommen vom Dreck aus Autoauspuffen am meisten ab.

Was soll die Zivilisation bringen, wenn wir heute Nahrungsmittel zuerst auf ihre radioaktive Strahlung, dann auf Nitrat, Nitrit, Nitrosamine, Benzoapyren, Cadmium, Blei, Quecksilber, chlorierte Wasserstoffe, Pflanzenschutzmittel, PCB und DDT prüfen müssen, um dann festzustellen, daß es kein Lebensmittel mehr gibt, das völlig frei davon wäre? Wie kann noch von Fortschritt die Rede sein, wenn trotz vergifteter Brunnen, trotz extrem belasteter Felder und Wiesen jeder Bauer jedes beliebige Gift auf seinen Boden streuen kann, als sei es sozusagen sein Privatvergnügen, wen er damit vergiftet? Sobald Smogalarm in einer Stadt ausgerufen wird, steigt die Verkehrsquote erst mal an. Immer neue Autos werden zugelassen, obwohl schon das jetzige Maß an Giftausstoß tödlich ist. Wie viele Menschen werfen immer noch Quecksilberbatterien in den Hausmüll! Wie viele Hausfrauen sind derart apathisch, daß unter all dem täglichen Druck das Gift ihr geringstes Problem ist!

Die Antwort auf die Haut- und Atemwegprobleme, die wir haben, kann doch nicht mehr die individuelle Behandlung sein. Wir leiden nicht nur an der Schwierigkeit, unsere Probleme zu verarbeiten. Wir leiden an der systematischen Zerstörung dieser Welt, die skrupellose Industrielle vorantreiben. Die Strafen, die sie von Gerichten ab und zu hinnehmen müssen, kalkulieren sie schon mit ein, wenn sie sie nicht mit einem Trick von der Steuer absetzen. Wenn sie ihr Gift in „Dritte Welt"-Länder verfrachten, bekommen sie womöglich noch einen Entwicklungshilfebonus. Zu einer Verharmlosung der industriellen Vergiftung kommt immer auch noch die Diffamierung von ökologischen Produkten, abgestützt durch irgendwelche obskuren Wissenschaftler, als müsse uns nicht allein diese Bezeichnung schon mißtrauisch machen. „Die Wissenschaft hat herausgefunden, daß Rauchen doch nicht schädlich ist. Gezeichnet Dr. Marlboro." Dieser Gag von Otto ist gar nicht so daneben.

Wenn ich einen humorvollen Tag habe, lese ich morgens zum Frühstück die Zeitung. Da las ich neulich, daß in einem Wirtshaus im Landkreis Bad Tölz-Wolfratshausen das Wasserwirtschaftsamt mit einigen Bauern zusammenkam, weil eben diese Bauern die Trinkwasserversorgung derart unter Giftbeschuß halten, daß das Wasser bald nicht mehr zu verwerten ist. Woraufhin das Wasserwirtschaftsamt bat, „etwas weniger Gifte zu verwenden, da man sich sonst um neue Brunnen bemühen muß". Ist das nicht der größte kosmische Witz aller Zeiten? Müßte nicht das Universum erzittern vor Lachen über soviel menschliche Intelligenz? Die Stadt München stellte am selben Tag fest, daß die Benzolwerte beunruhigende Höhen erreicht hatten, daß aber keine Schritte erwogen wurden, weil man schließlich nicht den Privatverkehr verbieten kann. Statt dessen wurde Alten und Kindern geraten, zu Hause zu bleiben und die Fenster zu schließen. Ich muß gestehen, daß ich, wenigstens an diesem Tag, mal wieder Tränen lachte.

Ich bin der festen Überzeugung, daß die tatkräftigen Behörden, die jedem Asylanten das Leben schwer machen können, jede alleinerziehende Mutter zur Raserei bringen und noch aus dem letzten Penner Steuern herauspressen, während sie die Großverdiener mit solchen Kleinigkeiten nicht behelligen wollen, auch gegen das Gift im Essen kein Mittel wissen. Zwei Drittel aller Nitrate ziehen wir uns täglich durch den Verzehr von Gemüse und Salat rein; wenn dasselbe länger lagert (insbesondere Spinat), gewinnen wir daraus das wertvolle Nitrit, das unser Ableben beschleunigen kann. Nitrosamine können VegetarierInnen umgehen, weil sie hauptsächlich in Fleisch- und Wurstwaren entstehen, Benzoapyren bekommen wir durch Gemüse und Getreideprodukte, Cadmium durch alle pflanzlichen Produkte und Innereien. Ah, daß ich es nicht vergesse, da hat ein Ministerium mal einen guten Rat gegeben: Innereien sollen wir künftig nur zweimal monatlich essen! Auch ein guter Witz. Pflanzenschutzmittel schleichen sich durch Fleisch, durch Milchprodukte und Gemüse in den Körper, am wenigsten findet sich in Fischen, am meisten in Fett und Innereien. Pestizide lagern vor allem im Fett, und zwar in allen Fetten tierischer und pflanzlicher Art.

Wäre es nicht an der Zeit, Pestizide zu verbieten und den Autoverkehr einzuschränken?

Die Tropenärzte warnen uns davor, in tropischen Ländern Obst, Salat und offene Speisen zu essen. Tatsächlich sollten wir gewarnt werden, einheimisches Obst und Gemüse zu essen, bzw. es wenigstens zu schälen, den Strunk und die Schale zu entfernen und alles gut zu waschen. Während wir das tödliche DDT heute nur noch an „Dritte Welt"-Länder liefern (oder dachtest du, mit dem DDT-Verbot wurde auch die Herstellung verboten?), ziehen wir uns andere Gifte rein, die nicht weniger schädlich sind. Modegift ist z.B. Endrin, 1968 zugelassen und neben Lindan und PCB wichtigstes Pflanzen-„schutz"mittel. Es soll u.a. Blattläuse (ja, auch Hobbygärtner benutzen es – immer noch), Raupen, Wühlmäuse, Milben und Feldmäuse ein für allemal ausrotten. Nach dem Prinzip, „in einer Demokratie dürfen alle alles" – das allerdings auch nur für die Industrie gilt –, wird Endrin in Feld, Wald und Garten munter großflächig versprüht. In vielen Gegenden kam es zu einem Massensterben von Vögeln, die vor ihrem qualvollen Tod schreckliche

Krampfanfälle erlitten. Überall in Deutschland ging die Raubvogelpopulation zurück. Obwohl auf Endrin-behandelten Flächen drei Jahre lang kein Wurzel- und Bodengemüse angebaut werden durfte, wurden in Erdbeeren und in Kuhmilch aus solchen Gebieten Endrin-Werte gemessen.

Wenn die Bauern in unserer Gegend Pestizide spritzen, dürften sie eigentlich mindestens zwei Tage lang auf der behandelten Fläche keine Kühe weiden lassen. Aber da es nicht überprüft wird und sich niemand darum kümmert, wird diese Anordnung, naja, eigentlich ist es ja mehr ein Vorschlag, selbstverständlich kaum beachtet. Dasselbe gilt für die Milch von Kühen, die mit Antibiotika oder sonstigen Medikamenten behandelt werden. Nicht nur kann jeder Bauer das Medikament beliebig verabreichen, es wird auch nicht überprüft, ob er die Milch von der entsprechenden Kuh wirklich wegschüttet.

Wen wundert es da eigentlich noch, daß die Haut zum Himmel schreit, daß uns die Luft wegbleibt, daß die Kinder in Krupp-Krämpfen liegen, daß das Immunsystem desorientiert seine Funktion aufgibt, und wenn es dann auch noch zu körperlicher Gewalt oder seelischem Druck kommt, der Körper kein anderes Mittel mehr hat, als sichtbare Zeichen zu setzen.

DIE SAUBERE FRAU

Die saubere Frau ist mit Meister Proper verheiratet, gelegentlich erlaubt sie sich einen Seitensprung mit dem General. Ihre stärkste Waffe im Kampf gegen den Schmutz der Welt ist Domestos. Kriege fordern Opfer. Dem leichten Rausch folgte eine Ohnmacht und alsbald der Tod. Das war's, Frau Saubermann. Ihre Verbündeten waren und sind die schon genannten: Cadmium, Nitrat, Nitrit, Formaldehyd, Blei, Quecksilber, Lindan, Dioxyn, Arsen, Chlorkohlenwasserstoffe, PCB, Endrin, Vinylchlorid, Asbest, DDT – alle versteckt in harmlosen Putz- und Haushaltsmitteln.

Ihre größten Feinde sind Insekten und Kleintiere aller Art, wobei sie Elefanten durchaus für schützenswert hält. Auf Ameisen, Mücken oder Goldkäfer geht sie mit lindanhaltigen Mitteln wie „Ameisentod" oder „Gartenstar Ameisentod" los. Sie sprüht Paral, Sagrotan, Nexit, Hortex, Gesal, Styx-Ameisentod, Supra oder Verindal Ultra.

Selbstverständlich arbeitet sie mit Plastikhandschuhen und läßt keinen Dreck an ihre Haut. Geschirr wäscht sie idealerweise mit dem elektrischen Geschirrspüler, wobei sie Spülmittel verwendet, von dem ein Gramm auf zwanzig Liter Wasser alle Lebewesen im Wasser vernichtet. Schließlich soll das Geschirr ja sauber sein.

Wäsche wird mit starken Waschmitteln, je stärker, je besser, bearbeitet. Kraftvoll, sauber, weiß, ja, rein soll die Wäsche sein. Und weil wir gerade bei rein sind: Es ist der Gefühlsdreck, der mit dem Waschmittel bearbeitet wird. Die Spermaspuren vom verhaßten Geschlechtsverkehr, die Erinnerung an Vergewaltigung, an sexuelle Attacken und Unterdrückung, Spuren der Menstruation, des Ausflusses oder sonstiger Körperflüssigkeiten gilt es zu tilgen – oder einfach nur die tödliche Unzufriedenheit.

Aber das ist kein Thema. Frustriert bis zum Platzen, gelangweilt oder stinksauer blättert sie in den unsäglichen deutschen Frauenzeitschriften und informiert sich über die neuesten Möglichkeiten, Sauberkeit, Ordnung und Überblick in ihr Leben zu bringen. Nicht Schreien und Kotzen ist angesagt, sondern der neue Schnitt eines Sommerkleidchens. Und überhaupt, was ist aus Ihrem kleinen Schwarzen geworden? Das läßt sich nämlich mit ein paar lustigen Accessoires für ein paar Mark wieder aufmöbeln, kein Problem.

Da sitzt sie, die schmutzige Frau, die so sauber sein muß, daß sie schon rein ist, und lechzt nach dem dauerhaft faltenfreien Gesicht. Makellose Haut auf Glanzpapier läßt sie irritiert an ihrer eigenen unreinen, faltigen Haut reiben. „Dick ist in", „häßlich ist in", liest sie schon mal. Wann wird sie endlich in sein, die kleine Frau Saubermann, die neidisch auf die knackigen Mädels schaut, die so jung sind, wie sie nie mehr sein wird und vielleicht auch nie war. Wer weiß. Sie sprintet durch die Kuren, Ananas, Trennkost, Meyer, Eier. Sie weiß, all diese Kuren machen jung, schön, frei. Nicht sie. Nachdem sie sich eine Woche lang Semmeln in Milch reingewürgt hat, sieht sie um die Augen möglicherweise noch ein wenig schattiger aus. Die Haut jault auf: Vorher überdehnt, fällt sie jetzt mutlos in sich zusammen, das Fett geht, und mit ihm sickern die Giftstoffe, die das brave Fett festgehalten hat, in den Körper. Die saubere Frau nagt an einem Schinkenblatt, denn sie ist gerade in der Phase, in der sie Schinken essen darf, bis ihr schlecht wird. Die Wut, der Kummer, die Angst bleiben, wo sie sind, tief drinnen. Wenn die Kinder kommen, fängt sie hysterisch an zu schreien. Putzt euch die Schuhe ab! Sie schrubbt und bohnert und wienert. Der Trend gibt ihr recht.

Nein, leider nicht direkt. Sie wird nicht dafür geachtet, daß sie putzt, bis ihr die Haut in Fetzen runterhängt. Sie gilt sogar als Putzteufel und frustrierte Kuh. Trotzdem liegt sie im Trend. Denn sauber, übersichtlich, streng, weiß, spärlich möbliert und cool ausgestattet liegt im Trend. Wo in einer Designerwohnung hast du schon einmal eine Spinnwebe gesehen? Na eben. Eine muß es tun. Tut es. Und sauber wird's wieder in Deutschland. Der strahlende Kühlschrank mit dem Champagner und dem Zeitgeistfutter ist makellos. Vorbei die Zeiten, in denen die abgelaufenen Joghurts mit dem schlappen Salat um die Wette gammelten. Für Frau Saubermann ist es allerdings egal, ob Bier oder Champagner im Kühlschrank steht. Die Last des Desinfizierens liegt bei ihr. Der Mann, die Kinder meckern nur, wenn's stinkt, wenn was fehlt oder fault.

Frau Saubermann sitzt am Vorabend in der ersten Reihe und starrt auf die TV-Wohnungen, die im Wohnzimmer anscheinend gekachelten Boden und auf der Treppe nichts als Marmor haben. Kinder eilen herein und verdrecken die schöne Wohnung. Kein Problem mit der deutschen Putzmittelarmee. Im Nu ist alles weg.

Im Nu wäre alles weg, auch ohne Putzmittel. Frau Saubermann ist nicht blöd und weiß, was ich weiß: Alles läßt sich feucht wegwischen, wenn's frisch ist. Aber da lacht die nette Frau im Fernsehen und streckt Frau Saubermann ihr sauberes Produkt hin. Jetzt umweltfreundlich, weil fast ganz abbaubar. Das geht Frau Saubermann gut runter, schließlich will sie im Ökotrend liegen. Dumm ist nur, daß schon immer alles fast ganz abbaubar war. Fragt sich nur, wann, und: Was wird aus dem giftigen Rest?

Die saubere Frau liebt die Natur. Sie schaut sich alle Heinz-Sielmann-Sendungen an. Sie weint, wenn Robben abgeschlachtet, Elefanten gemeuchelt, Delphine ermordet werden. Sie hat das unbestimmte Gefühl, daß irgend etwas nicht stimmt mit der Welt, mit der großen Welt und mit ihrer kleinen. Warum fährt der Mann morgens mit seinem neuesten BMW oder seinem Turbosuperschlitten fort und kommt abends wieder, nur um den Schnabel aufzusperren, auf daß sie Futter hineinstopfe? Was soll das alles mit den Kindern, der Schule, dem Streß, den Streitereien, dem Aufbegehren und Wiederanpassen der Kinder? Wo soll das hinführen? Was ist aus ihrem Leben geworden? Fast schon verblüht ist sie, doch nie wirklich aufgeblüht, oder nur kurz, eine Nacht vielleicht?

Sie liest die Tips in den Zeitschriften. Sie läßt sich im Supermarkt ein neues Produkt aufschwatzen, läßt sich einlullen, zuquatschen, wenigstens spricht jemand mit ihr. Dann kommen die Kinder und motzen: Mama, dieses giftige WC-Zeugs nimmst du noch? Aber sie putzen das Klo auch nicht. Und kaum ist der Führerschein gemacht, startet der Sohn durch – mit Vollgas in den Abgrund. Scheiß auf die Ökologie. Schnell muß es sein. Und bloß nicht mehr zu Fuß gehen. Jetzt wird jeder Meter gefahren.

Und zu Hause steht die saubere Frau am Bügelbrett, stärkt die Hemden ihres lieben Gatten mit einer Formaldehydlösung, trinkt später vielleicht noch einen Kaffee mit der Nachbarin und ist stolz, daß die kein Stäubchen sehen kann. Und dann geht's gemeinsam in die Vollen: „Haben Sie das gesehen? Frau X. hat sich von ihrem Mann getrennt. Wissen Sie, was? Als erstes hat sie die Bierträger vor die Tür gestellt, und jetzt räumt sie nur noch den Platz frei, den man sieht, wenn die Tür aufgeht. Dahinter ist Tohuwabohu!"

Die saubere Frau hat sich gut gehalten. Sie kämpft einen endlosen, nervenzerrüttenden Kampf dafür. Unzählige Cremes, Lotions, Masken, Badezusätze, Shampoos, Färbepräparate helfen ihr, die Maske der sauberen, zufriedenen, anständigen, ausgeglichenen Frau aufrecht zu erhalten. Und dann passiert es doch: Meister Proper sucht sich eine andere. Eine junge, appetitliche, die nicht ständig nörgelt und zankt. Die darf am Anfang sogar ein bißchen schmuddelig sein, das ist bei so jungen Mädchen nett. Aber Meister Proper hat einen untrüglichen Instinkt für die Richtige. Er schafft auch die Neue, und bald tut sie, was die andere auch getan hat. Die saubere Frau aber, die Alte, die liest wahrscheinlich gerade dieses Buch und sagt sich: Es ist nie zu spät, die Sau rauszu-lassen.

UNTER DIE HAUT GESCHAUT

Die oberste, der Außenwelt zugewandte Hautschicht ist die Hornschicht, also tote Hautzellen, die aus dem Körper transportiert und abgestoßen werden. Hier sitzen die vielen Bakterien, die wir in unserer Hautflora brauchen. Auf dieser Schicht kommt auch alles an, was von außen einzudringen versucht. Zum Glück ist die Hornschicht fest – jedenfalls vorerst. Wie sie immer weiter geschwächt und verdünnt wird, soll hier gleich beschrieben werden.

Unter der Hornschicht liegt die Epidermis, die Oberhaut nämlich, darunter die Dermis, die Lederhaut, und darunter die Hypodermis, die Unterhaut. Von der Unterhaut, aus den Tiefen des Körpers, ragen in die oberen Hautschichten Blutgefäße, Nerven, Tastkörperchen, Schweißdrüsen, Talgdrüsen, Melanozyten und Keratinozyten sowie das Lymphnetz. Es ist also keineswegs scheißegal, was wir uns auf die Haut schmieren, denn wir können sicher sein, daß alles, was außen ankommt, wenn es nur hartnäckig wiederholt oder tief genug eingerieben wird, wenn es aggressiv genug oder giftig genug ist, auch in den Körper dringt. Wir haben anscheinend etwas gegen unsere Bakterien, gegen das Fett, das wir produzieren, gegen den Schutz, den die Haut aufbaut, weil es uns kosmetisch stört. Denn wir setzen Mittel ein, die die Schutzkraft der Haut schwächen, die Haut dünner machen, die Hornschicht aufweichen und schließlich den Widerstand der Schutzhülle brechen. Symptomatisch für unser ganzes Leben.

Die Haut schützt uns nicht nur gegen Attacken von außen wie Sonneneinstrahlung, mechanische, thermische und chemische Einwirkungen, sie ist auch Sensor der Außenwelt gegenüber, gibt die Reize an das Nervensystem weiter, fühlt, ortet, ertastet, reguliert die Temperatur, den Wasser- und Elektrolytenhaushalt und gibt alle wahrgenommenen Empfindungen an das Hirn weiter.

Zusätzlich zu dieser Funktion als genial ausgebautes Kommunikationsnetz ist die Haut auch Verkehrsnetz: Sie transportiert Hormone, Gifte, Stoffwechselendprodukte, Freßzellen, Abwehrstoffe, Enzyme und was es noch alles so gibt, aus dem Körper, in den Körper. Sie ist die Partnerin unserer Seele und im Produzieren von Wohl- und Unwohlgefühlen unersetzlich. Immer wieder wird das Gehirn mit einem Computer verglichen, und immer wieder fragen sich Wissenschaftler, warum das so nicht stimmt. Die Antwort ist: Das Gehirn ist eng verbunden mit allen Organen und vor allem mit den vielen wunderbaren Funktionen der Haut, so daß in Bruchteilen von Sekunden eine unglaublich differenzierte Wahrnehmung zusammen mit Gefühlen und einer präzisen Analyse der momentanen Innen- und Außenwelt möglich ist.

Als einzigartige Einrichtung kann das Hirn sowohl „bewußte" als auch „unbewußte" Regionen aussteuern. Und während das Hirn Schmerzhaftes, Gewalttätiges gnädig ausradiert, bleibt es verbunden mit dem unbestechlichen vegetativen Nervensystem, das nichts vergißt und nichts verdrängt. Diese alte Erinnerung in unserem Körper ist ehrlicher als das Hirn und gnadenlos. Während sich das Hirn daran gewöhnt hat, bei Bedarf Wohlbefinden vorzutäuschen, um den Organismus in reibungslosem Ablauf zu halten, bleibt das vegetative Nervensystem zuverlässiges Warnsystem. Jede Berührung, jeder Impuls, jeder Geruch, jede optische Wahrnehmung, jeder Ton wird registriert und wiedererkannt. Das vegetative Nervensystem ist mit der Haut eng verbündet und speist die erhaltenen Informationen ins Gehirn ein, das damit irgendwie umgeht.

Die Haut nimmt etwa zwei Quadratmeter Raum ein, wiegt beim erwachsenen Menschen etwa zehn Kilo, und wenn über zwanzig Prozent der Haut durch Verbrennung oder Verätzung zerstört werden, kann der Tod eintreten. Was uns nicht hindert, pfundweise Cremes auf sie zu schmieren, deren Wirkstoffe mehr als fragwürdig sind.

Um die Macht äußerer Einflüsse auf die Haut zu demonstrieren, gebe ich einige Beispiele. Wenn Frauen in die Wechseljahre kommen, werden ihnen oft Hormone gegeben, die als Pflaster auf die Haut geklebt ihre Wirkstoffe über Monate hinweg abgeben. Langsam durchdringen sie die Hautschichten und sickern in die Verkehrssysteme des Körpers ein, von wo aus sie das ganze System überschwemmen. Die Vorgängerinnen der heutigen Hexen und weisen Frauen stellten eine Tollkirschensalbe her, mit der sie Flugerlebnisse hatten. Zuviel von dieser Salbe kann töten, obwohl sie doch „nur" auf die Haut aufgetragen wird.

In Afrika gibt es Kontaktgifte, die bei Berührung mit der Haut den Tod hervorrufen, manche sofort (z.B. Curare, das in kleine Verletzungen dringt und eine tödliche Nervenlähmung bewirkt), manche sickern aber auch ganz langsam durch die Haut (verschiedene Datura-Arten) und brauchen bis zu zwei Wochen, bis sie schließlich dort ankommen, wo sie den Organismus kaltstellen.

Für alle Substanzen gilt: Eine gesunde Haut schützt, eine bereits geschwächte Haut, die entsprechend lange bearbeitet wurde, kann sich nicht wehren, und die „Wirkstoffe" aller Art können sich ausbreiten.

Grundsätzlich braucht die Haut gar nichts. Fett kann sie selber produzieren, die Schutzhülle, einen individuell auf jede Haut abgestimmten Säuremantel, stellt sie auch selber her, und doch haben wir nichts Besseres zu tun als diesen zu zerstören. Wenn die Hornschicht angegriffen wird, läßt die Abwehrkraft der Haut langsam nach. Wie wird sie angegriffen? Vor allem durch Gifte aus der Luft, aber auch ausgerechnet durch die Substanzen, die scheinheilig vorgeben, ihr zu „helfen", sie zu „heilen" und zu „nähren".

Bleiben wir beim harmlosen „Nähren". Ernährt wird von innen. Wer nur Mist in sich hineinstopft, muß nicht denken, daß die Ernährungsqualität von außen nachgeholt werden kann. Zuwenig Vitamine, zuwenig Ballaststoffe im Essen, zuviel Fett, zuviel Fleisch verhindern die Körperkommunikation, wie ich es einmal nennen möchte. Nährcremes kosten viel Geld und bringen nichts als die Sucht der Haut, denn wenn du aufhörst, diese Cremes der schicken Marken aufzutragen, fällt die Haut in sich zusammen. Wirkstoffe sind da meist Collagen, ein zweifelhaftes Tierprodukt, Östrogene, die die Haut rosig und straff erscheinen lassen, aber den kleinen Nachteil haben, daß sie krebserregend sind. Außerdem ist ihre Gewinnung eine schräge Angelegenheit: Sie werden aus Plazenta und Embryosubstanz gewonnen, die bei Abtreibungen und Fehlgeburten anfallen. Die Gynäkologie verdient sich allenthalben eine goldene Nase, wenn sie diese Substanzen an die Kosmetikmafia verkauft. Nach außen spielen gerade die Gynäkologen dann die Moralisten, die Abtreibung aus ethischen Gründen ablehnen. Ein anderer Wirkstoff ist Vitamin-A-Säure, die auf der Haut kleine Entzündungen provoziert, und wenn die Haut abheilt, straffes und glattes Aussehen verleiht – für kurze Zeit. Diese Entzündungen müssen immer wieder von neuem hergestellt werden, weil ja die Haut sonst wieder erschlafft.

Fatal für das Immunsystem, das nun für größere Entzündungen oder Krankheiten keine Kraft mehr hat.

Das größte Problem der Haut ist die Trockenheit. Saheldürre herrscht auf der Haut der mitteleuropäischen „gepflegten" Frauen. Streß, intensive Pflege mit teuren Produkten, Heizungsluft, zuwenig Bewegung, dazu noch der Smog und zuwenig Trinkflüssigkeit geben der Haut den Rest. Wer schmiert, schmiert für den Rest des Lebens. Wer aufhört, verhutzelt.

Weit verbreitet und wenig bekannt ist, daß etwa die Hälfte aller Kosmetika benutzenden Frauen an einer leichten bis schweren Kosmetikallergie leiden. Von phototoxischen Reaktionen auf Wirkstoffe in Cremes (Giftentwicklung durch Lichteinwirkung) über das Aufweichen der Haut durch Alkohol, stark konzentrierte, aggressive synthetische Öle oder chemische Substanzen, die die natürliche Bakterienflora der Haut zerstören, ist alles geboten. Nachtcremes sollen die Haut nachts regenerieren. Die Haut regeneriert sich nachts am besten allein. Aber nicht mal nachts darf sie tun, was sie am besten kann, nämlich feindliche Substanzen abwehren und die Schutzschicht neu aufbauen.

Der Gesang der Haut ist gestört. Die feinen Schwingungen, die uns fühlen lassen, die uns das Gras wachsen hören lassen, die den siebenten Sinn ergeben, sind in ihren Kreisen empfindlich gestört.

Es sind hauptsächlich drei Arten von Besuchern, die unsere Haut bedrängen: Viren, Bakterien und Pilze. Die Viren sind die cleversten von allen, weil sie eine Art Plan haben. Sie dringen in die Haut ein, wandern auf Nervensträngen und verstecken sich an einem anderen Ort als an dem, wo sie ausbrechen und stören werden. Wir alle haben vermutlich Viren in uns, Viren aller Art. Einige können uns tödlich verwunden, einige sind nur lästig, aber alle sind unglaublich überlebensfähig. Sie nutzen den Planeten Mensch optimal. Sie arbeiten mit der Guerillataktik: verstecken sich, halten sich ruhig, sammeln sich, werden stark und greifen erst an, wenn der Gegner, der Mensch, schwach ist. Sie sind fähig zu einer friedlichen Koexistenz, aber auch zum tödlichen Kampf, das hängt ganz von unserem Verhalten ab. Sie können trotz aller Mühe, die WissenschaftlerInnen sich geben, nicht ausgerottet werden. Sie erinnern uns an ein paar grundsätzliche Probleme, die wir mit dem Planeten Erde haben. Auch wir plündern den Planeten, bis er stirbt.

Für mich haben die Viren die Funktion der „nützlichen Gegner". Was kann ich von ihnen lernen? Was teilen sie mir mit? Zum Beispiel dies: Wenn wir nicht aufhören, „ausrotten" zu wollen, was uns nicht paßt, werden wir untergehen. Wir müssen lernen, mit den verschiedensten Kräften in Einklang zu leben. Es gibt keine endgültige Kur, keine endgültige Sicherheit. Leben heißt, sich jeden Tag, jeden Augenblick neu einzurichten, alles zu überprüfen und neu zu ordnen. Das kommt der Erkenntnis der Yoruba sehr nahe, die sagen, die Welt wird in jedem Augenblick neu erschaffen. Jeden Augenblick wird von neuem alles möglich. Ich glaube, das ist eine gute Art, mit den Besuchern auf und unter der Haut umzugehen.

Ich habe schon lange aufgehört, Viren zu bekämpfen. Ich spreche mit ihnen, feiere mit ihnen, versuche zu verstehen, was sie mir sagen. Dafür ist es notwendig, ruhig zu werden, denn ihre Sprache dringt nicht durch den allgemeinen Lärm, der uns umgibt.

Wenn ich mich von Viren attackiert fühle, wecke ich meine Lebensgeister, denn ich bin noch nicht von allen guten Geistern verlassen. Lange bevor es zu einer wirklichen Krankheit kommt, gehe ich in Kontakt mit dem „befallenen Ort" meines Körpers. Es gibt immer Vorzeichen. Je aggressiver wir gegen Viren oder andere Erreger vorgehen, um so aggressiver wird der Körper attackiert, nun auch noch von den Nebenwirkungen der Präparate, die wir nehmen. Was soll das für einen Sinn haben, ein Grippemittel einzunehmen, das die Erscheinungen im Körper dämpft? Es poliert nur die Oberfläche, die lästigen Symptome, aber im Körper beginnt der tödliche Marsch der beleidigten Erreger. Sie werden ja nicht getötet! Sie siedeln sich woanders an und schlagen das nächstemal heftiger zu. Dummerweise werden wir den Attacken gegenüber hilfloser, weil der Körper nicht mehr lernt, Erreger abzuwehren. Die Wundermittel der Pharmaindustrie nehmen ihm die Arbeit ab. Er stellt die Produktion von Hormonen wie Cortison, von Interferon und anderen Wirkstoffen allmählich ein, weil alles von außen kommt. Und die Erreger, die gegen ein Mittel resistent werden, rächen sich um so tückischer. Sie sind jetzt überhaupt nicht mehr kontrollierbar. In so einem quälenden Moment der Wahrheit ist es schwieriger denn je, den diplomatischen Weg einzuschalten. Der Mensch leidet, der Erreger tobt – wie soll da eine Kommunikation zustande kommen?

In der allgemeinen Dürre bricht die Neurodermitishaut auf. Bakterien siedeln sich an, finden reichlich Nahrung und wenig Widerstand. Das führt zu einem wahnsinnigen Juckreiz, vom Aufkratzen entstehen blutige Stellen, die sich neu entzünden. Ein Teufelskreis. Cortison von außen löst das prima. In ein paar Tagen ist alles weg. Aber das Problem vergrößert sich. Die Haut hat es nicht geschafft, sich selbst zu wehren. Die Cortison-behandelten Stellen schreien nach mehr Cortison. Der Körper schafft Entzündungen bald überhaupt nicht mehr ohne Cortisongaben. Je mehr davon aber verwendet wird, um so klarer wird: Cortison ist nicht der sanfte Freund, der alles heilt und lindert, sondern der maskierte Eindringling. Bald fängt das Cortison an, die Haut genauso übel zuzurichten, wie es vorher irgendwelche anderen Erreger getan haben. Nur ist die Haut jetzt noch wehrloser, weil jeder Eingriff von außen die eigene Abwehrkraft ein wenig geschwächt hat.

Pilze siedeln sich in zwei verschiedenen Gebieten an. Es gibt Pilze, die auf abgestorbenen Hautflächen wuchern, und andere, die aggressiv die in ihrer Balance gestörte Haut attackieren und nach innen wandern. Ihr Ziel ist es, den ganzen Körper in ihren Griff zu bekommen.

Obwohl es relativ einfach ist, Pilze zu stoppen, sind sie zur Landplage geworden. Was sie stoppt, ist ein kräftiges Immunsystem. Damit wirft die Haut die Pilze problemlos ab. Sie kommen gar nicht erst zum Zug. Das andere ist frische Luft. Kühle frische Luft. Und hier liegt auch der Grund, warum Pilze sich so ausbreiten können: Nylonstrümpfe, warme, feuchte Flächen, die nie der Luft ausgesetzt werden, PVC-Böden, Plastikschuhe, Acrylkleidung, Plastikunterhosen und viele Cremes, deren abenteuerliche Zusammensetzung die Haare zu Berge stehen läßt. Dazu kommt der Reinheitsfimmel, der scharfe Deos, deodorierende „Intimpräparate", alle möglichen scharfen Seifen und Lotions auf die Haut und unter die Haut treibt. „Intim"-Deos und Lotions, imprägnierte Binden und hermetisch abgeschlossene Plastikwindeln haben resistente Candida-Pilz-Generationen geschaffen, die wir unter Umständen lebenslang mit uns herumtragen, immer wieder geplagt von roten, juckenden, offenen Stellen. Mit Windeldermatitis beginnt oft ein Leidensweg, der lebenslängliche Scheiden-Pilzinfektionen nach sich zieht. In der DDR gab es vor dem Auftauchen der Pampers keine Candida-Pilze bei Babys.

Insgesamt gesehen schadet der Haut gerade das am meisten, was für uns Zivilisation bedeutet: Heizung, schnelle Fortbewegungsmittel und dadurch wenig Bewegung, Kunstfasern, chemische Färbe- und Imprägnierstoffe, Substanzen, die Lebensmittel haltbar machen, Substanzen, die die Ernte „schützen", Hautpflegemittel,

Haarpflege- und -färbemittel, Nagelkosmetik, Waschmittel, Putzmittel, Arzneimittel, die bei nicht lebensbedrohlichen Krankheiten gegeben werden.

DIE REINE MAGD

Wo wären wir, wenn wir die Kirche nicht hätten? Die Vergebung der Sünden bereits im zarten Kindesalter? Die Gebenedeite unter den Weibern? Die Jungfrau zart und rein? Die mit dem goldenen Mantel und der unbefleckten Empfängnis? Was würden wir ohne die Erbsünde tun? Wie öde wären doch die Mußestunden ohne all die Schuldgefühle und Anfälle schlechten Gewissens.

Ich mag es mir wirklich gar nicht ausmalen, wie sich das Leben von mir und allen anderen christlich unterdrückten Frauen abgespielt hätte, wenn es das Schuld-Sühne-Prinzip nicht gegeben hätte. Die keusche Jungfrau! Daß die jungfräuliche Geburt ein Übersetzungsfehler war, hilft uns auch nicht viel, wenn wir bedenken, wie lange die Kirchenverwaltung gebraucht hat, bis sie mal Galileo Galilei rehabilitiert und zugegeben hat, daß die Erde nicht der Mittelpunkt von allem ist. Die nächsten hundert Jahre oder so können wir vermutlich keine Revision der jungfräulichen Geburt erwarten, auch wenn die Wissenschaft nachweisen wird, daß ein parthenogenetisches Kind in allem seiner Mutter ähnelt, auch im Geschlecht.

Im Grunde muß uns das nicht berühren. Ich bin ja von den Schlechte-Nacht-Geschichten der Kirche ohnehin nicht betroffen, da ich seit vielen Jahren ausgetreten bin. Aber leider stellt sich heraus, daß die Geißelung der Frauen durch den Männerverein „Kirche" weite, tiefe und mächtige Kreise zieht. Noch immer gilt eine sexuell aktive Frau als Luder und Schlampe, während bei einem

Mann das zum normalen Leben gehört. Noch immer laufen Selbstbefriedigung und gleichgeschlechtliche Liebe 'unter „Perversion". Meinen schlimmsten Ausschlag hatte ich im übrigen als Kind, als ich die Freuden der Eigen-Liebe entdeckte und trotz des voyeuristischen Blicks des allgegenwärtigen Gottes nicht damit aufhören wollte.

Obwohl auch die Pfarrer der verschiedenen Konfessionen etwas vorsichtiger, manche sogar fortschrittlicher geworden sind, ist die Schuld-Sühne-Sünde-Strafe-Spirale deshalb nicht erledigt. Alles ist einfach nur subtiler geworden. An der Zölibatsverordnung wird klar, wer die Last zu tragen hat, wer in Ewigkeit schuldig ist. Pfarrer können ohne Schaden an ihrem leiblichen Wohl oder an ihrem Seelenheil zwar Frauen schwängern und sexuell belästigen, das nimmt man ihnen nicht krumm, weil es schließlich die ausschweifenden Weiber sind, die sie verführen, aber sie dürfen nicht Verantwortung für ihre Triebe übernehmen. Sie zahlen keine Alimente, und auch die Kirche lehnt jede Verantwortung ab.

Nicht daß das jede Frau betreffen würde, aber die Haltung, die dahinter steht, prägt uns halt doch. Es ist die grenzenlose, verführerische „Sünde" der Frauen, die die Männer schwach macht. Deshalb (die Inquisition läßt grüßen) werden die Frauen unter die kundige Führung der Männer gestellt (die Frau ist dem Mann gefälligst untertan, und der oberste Mann, der alles unter Kontrolle hat, ist der Papst, il papa). Und egal wie locker die Kirche ihre Dogmen auslegt: Die Urschuld bleibt auf uns sitzen. Geht uns unter die Haut. Wir sind verantwortlich. Wir müssen büßen.

Wenn die Ursünde, die Erbsünde sogar, im Raum steht, kann jede Krankheit, jeder Aussatz, jede Zeichnung nur die Strafe für begangene Sünden sein. Das Verrückte ist, daß diese Logik sogar in den Kreisen der bewußten Frauen und Lesben funktioniert. Wird eine krank, ist das halt ein Zeichen dafür, daß sie mit sich nicht im reinen ist. Wir sagen oft so leicht und unbekümmert, daß sich eine diese oder jene Krankheit an Land zieht, weil „sie die jetzt gerade braucht". Krankheiten, Allergien, Reaktionen des Körpers sind die Folge davon, daß „eine mit sich nicht klarkommt". Naja, dann „muß sie das eben so lange produzieren, bis sie es checkt". Wirklich?

Das Problem gerade bei Haut- und Atemwegskrankheiten ist doch, daß die vielen Ursachen, die zusammenkommen, als erstes, beim ersten Erscheinen der Krankheit Schuldgefühle produzieren. Warum bin ich nicht fähig, so ausgeglichen und ruhig zu sein, daß ich das nicht kriege? Was halte ich jetzt schon wieder fest, daß es durch die Haut brechen muß? Warum halten andere Rauchen, Saufen und schlechte Luft aus und ich nicht? Dieses besessene Suchen nach Gründen hat seine tiefsten Wurzeln eben genau in der christlichen Verlogenheit.

Die Frage ist doch: Wie bringe ich mich selbst so zur Ruhe, daß ich akzeptieren kann, was ist? Auch wenn das bedeutet, daß ich erst mal keine Lösung weiß. Das ist im Christentum nicht vorgesehen. Für alles ist ja Christus die Lösung. Wer aus der Kirche austritt, wer sich von der christlichen Ideologie befreit, trennt sich nicht automatisch von der Vorstellung, daß alles eine Lösung haben muß. Es gibt Dinge, die wir nicht lösen oder verzeihen können. Jede Stammesreligion akzeptiert das. Die Kirche nicht. Und unsere Lebensphilosophie ist tief verwoben mit diesen Dogmen. Auch wenn wir es wollen, können wir uns nicht von heute auf morgen von der Einbindung in die Moral der Christenheit befreien. Erst die Erfahrung mit Stammestabus und anderen Moralgesetzen zeigte mir, wie starr unsere westlich orientierten ethischen Gesetze und wie wirksam sie immer noch sind.

Das Schmutzige, Chaotische, Nichtfaßbare, Unberechenbare, Wirre, Wilde ist die Bedrohung, der die Kirche in der Inquisitionszeit endgültig den Riegel vorschieben wollte. Die Haare werden schön zu Zöpfen geflochten. In die Kirche wird das Sonntagsgewand getragen. Fingernägel putzen und schneiden! Hände waschen! Der Pfarrer will dir nicht die Hand geben, wenn deine drekkig ist. Wer sich nicht wäscht, gehört nicht zu uns. Wer schlampig ist, den/die straft Gott. Dieser Gott mit seinem Waschzwang, mit seinem Reinlichkeitswahn. Mit seiner ewigen Superkontrolle. Dieser Gott, den schlampige, pfeifende Mädchen ärgern, der aber am Giftmüll gütig vorbeistrahlt. Dieser Gott, für den wir Sünden erfinden sollen, nur damit er uns verzeihen kann. Dieser Profiverzeiher!

Liebe Maria! Erlöse mich von der Erbsünde. Laß mich gut und keusch sein. Laß mich verzeihen und nachgeben. Laß mich geduldig zu meinen unverschämten Kindern sein. Laß mich die sexuellen Übergriffe meines Mannes demütig hinnehmen, denn zu verzeihen gibt es da nichts, es ist ja sein Recht. Schenk mir Frieden im Herzen, laß mich barmherzig sein zu den Armen und Kranken, denn sie büßen gerade ihre Sünden, und wer weiß, wann ich drankomme. Laß mich übrigens bitte nicht so tief fallen wie andere.

Ja?

Meine Probleme löst das nicht – und wenn ich mir mit Weihwasser die Haut schrubbe. Mir nützt es nichts, wenn jemand sagt, daß alles nur eine Frage der Balance ist, denn das weiß ich. Ich habe mich zu einer Grundeinstellung reduziert, die mein Ausgangspunkt ist und die ich all diesen Moralgeschichten entgegensetze: Ich bin verantwortlich für mein Leben, meinen Körper, meine Entscheidungen, meine Träume. Daraus resultiert, daß ich mich gelegentlich falsch entscheide, daß ich gelegentlich krank bin, daß Gifte, Druck, Konflikte auftauchen auf der Haut oder in den Organen. Ich nehme das wahr. Ich habe mich vor allem von der Feststellung, „mir ist es zu gut gegangen", gelöst. Ich büße für nichts.

Und ich habe mich mit dem Gefühl, „schmutzig" zu sein, auseinanderzusetzen. Wann fühle ich mich schmutzig, befleckt, ver-saut? Wer sagt es mir? Mit welcher Absicht? Wer zeigt es mir? Was steckt dahinter?

Schmutz wird mir zum wichtigsten Verbündeten gegen die Moral, egal von welcher Seite. Das Gefühl, schmutzig zu sein, kommt bei Hautkrankheiten genausooft vor wie im Zusammenhang mit weiblicher Sexualität, weiblichen sexuellen Bedürfnissen. An der Angst vor der Unreinheit packen uns die Werbung, die Kirche, aber auch Gerichte, Ämter, Ehemänner verunsichern uns damit. Die chaotische, schlampige, unordentliche Frau wird zum Mahnmal: So willst du doch nicht werden, oder? Also dann. Schlag die Augen nieder. Kichere ein bißchen, wenn dir einer weh tut. Nur nicht immer diese unflätigen wüsten Beschimpfungen, das Gezeter und Geschrei. Das mögen Männer nicht! Ein bißchen Ehrgefühl und Haltung bitte! Damit werden Frauen diszipliniert, kontrolliert und eingebunden. Das Schlimmste daran ist aber nicht der moralische Druck, sondern daß wir uns daran gewöhnen, von außen beurteilt und gesteuert zu werden, und damit Verantwortung abgeben. Wenn die Haut ausschlägt, fragen wir nicht mehr die Haut, warum sie das tut, sondern den Arzt, der uns gar nicht kennt. Und wir fragen alle möglichen anderen Menschen, was sie glauben, warum so was passieren kann. Aber nie uns selbst.

Also bete ich zur Maria: Du und ich und ein paar andere Frauen, wir wissen, warum die Kirche dich an Land gezogen hat. Hätten sie dich nicht in ihre Männerbündelei mit einbezogen, dann hätten sie das Volk nicht gekriegt. Bitte gib dich nicht her für ihren Moralismus. Erinnere dich daran, daß du eine der alten Göttinnen warst, Artemis, Astarte, Demeter, Isis, du mit den vielen Brüsten, du mit der Mondsichel, du mit dem Sternenmantel, du mit der Spindel und der Mandel, die die wundervolle Vagina darstellt. Schütte Milch und Honig über mich, wenn sich der Schmerz schier unerträglich auf meine Haut legt. Laß deine Blitze, deinen Donner und deine Schweine los auf die Zerstörer dieser Welt. O Maria, hilf!

Und das tut sie.

Zsusanna Budapest sagte auf einem dieser Guru-Treffen während der Pressekonferenz zu den anwesenden Herren, wie Bruder Steindl-Rast, dem Jesuiten, und Pir Vilayat Inayat Khan: „Auch ihr seid zwischen den Beinen einer Frau hervorgekommen, ob euch das paßt oder nicht. Und ich warte auf den Tag, an dem der Ort zwischen den Beinen einer Frau wieder der Heilige Ort ist, der Tempel, dem alle ihr Leben zu verdanken haben. Und ich warte auf die Religion, die diesen Ort würdigt, respektiert und verehrt."

Aus der „reinen Magd" ist dieser Ort weggeredet, entfernt worden. Maria hat keine Vagina, Maria blutet nicht jeden Monat, Maria empfing durch den Geist und gebar eventuell aus dem Mund, wie es meine Kindheitsfreundin Sanne damals behauptete. Und doch sind Erinnerungen lebendig an dieses Zentrum der Macht der Frauen...

Viele Frauen, die Allergien, Neurodermitis oder Asthma haben und mit denen ich ausführlich gesprochen habe, finden sich in dem Konflikt, daß sie sich zu kurz gekommen fühlen, aber Schuldgefühle haben, weil sie nicht zufrieden sind. Sie wollen ihre Sexualität ausleben, haben aber gleichzeitig Angst davor, verurteilt zu werden. Sie transformieren ihre sexuelle Energie in andere Aktivitäten und bleiben innerlich ausgehungert. Sie bekommen nicht genug Aufmerksamkeit und Liebe.

Das scheint mir ein zentraler Punkt zu sein: Frauen leiden an mangelndem Respekt und haben daher keinen Selbstrespekt oder Respekt vor anderen Frauen. Das wird vor allem dann zum Problem, wenn Frauen noch Respekt und wirkliche Anteilnahme von Männern erwarten oder wenigstens erhoffen. Diese Art von ehrlicher Anteilnahme an dem, was die Frau *wirklich* in sich trägt und entwickelt, gehört nicht zu den Fähigkeiten der meisten Männer. Oft ist sie nur gekoppelt mit dem Wunsch, eine Frau zu „erobern".

Frauen, die äußerlich sichtbare Zeichen setzen, tragen ihre Konflikte nach außen. Die ehrliche Haut ist nicht länger bereit, all die Gewalt, die Ängste, Sorgen und Qualen zu verschleiern. Sie schlägt aus. Nicht Schuld ist es, die uns krank macht, sondern Kompromißlosigkeit. Wir zeigen, was uns stinkt. Und anstatt uns mit moralischen Vorwürfen zu belasten, sollten wir unserer Haut, unserem Organismus dankbar sein, daß er nicht mehr schluckt und unterdrückt, sollten uns verzeihen und froh sein um den Sensor Haut, der uns Alarmsignale gibt, auch wenn es unbequem oder unschön ist.

Ich habe an meiner eigenen Haut beobachtet, wie wichtig für mich die Abrechnung mit der christlichen Moral war und immer noch ist. Je mehr ich mir verzeihen kann, je un-verschämter ich mein Dasein in der Welt vertreten kann, um so leichter wird mir alles. Während ich als junges Mädchen Nesselfieber, Allergien und sogar Gürtelrose hatte, zeigt meine Haut immer weniger Reaktionen, seit ich gelernt habe, bei mir zu sein und nicht bei „ihm" oder bei „den Leuten" oder bei Gott. Bei Sinnen eben.

DIE SPRACHE BRINGT ES AN DEN TAG

Die Haut gibt sprachlich viel her. Im Duden ist sie eingeklemmt zwischen „Hauszierde" mit einem Pfeil zu „Ehefrau" und „Havanna" mit einem Pfeil zu „Zigarre". Beides erscheint mir von surrealistischer Komik, aber das soll nicht Gegenstand meiner Betrachtungen sein. Die Funktionen, die der Duden der Haut zugesteht, lauten: Epidermis, Schale, Sinnesorgan, Speckschwarte. Bei „nur noch Haut und Knochen sein" steht als Erklärung in gnädiger Untertreibung: „schlank sein". Beim Hautausschlag taucht das in diesem Zusammenhang bizarr anmutende Wort „Hautblüte" auf. „Spät erblüht" hielt ich immer für einen Ausdruck dafür, daß eine spät zu ihren Fähigkeiten gefunden hat. Das muß unter diesem Aspekt völlig neu überdacht werden. Denn unter der Rubrik „Hautblüte" kommt es schließlich knüppeldick: Tumor, Hautgeschwulst, Schorf, Schuppenkruste... Wenn ich all die Bezeichnungen aufschreibe, kann ich vor lauter Jucken nicht weiterschreiben. Zwischen der Hauterkrankung und der Hautfinne (was haben Finninnen mit Ausschlägen zu tun?!) findet sich verloren und gänzlich fehl am Platz – oder ist das ein Hinweis auf die Verursacher? – das Wort *hautevolée*, was soviel wie „Oberschicht" bedeutet, und das ist die Haut übrigens auch, die oberste Schicht. Aber Haut hat natürlich nur im Duden und in der Politik mit *haut*, dem französischen Wort für „oben" oder „hoch", zu tun. *Hautgout*, die Anrüchigkeit, hat dagegen durchaus etwas mit Hautkrankheiten zu tun. Unter Hautkrankheiten finden sich unter anderem: Dermatose, Krätze, Skabies, Räude, Schorf... Mit keinem Wort verbindet der Duden Haut- und Geschlechtskrankheiten, was als Aufforderung für die Schulmedizin dienen könnte!

Der Volksmund ist da schon viel genauer: Das geht mir unter die Haut, zum Aus-der-Haut-Fahren!, mit Haut und Haar, hautnah, auf der faulen Haut – da wissen wir doch gleich, woran wir sind. „Sauber", sagen die Bayern, wenn sie eigentlich „schmutzig" meinen.

Sprache ist mächtig. Worte sind zugleich immer Anrufungen. Sie holen in die Wirklichkeit, was sie bezeichnen. Ich kann zwar sagen: „keine Zitrone", aber da ist die Zitrone schon im Raum, und der Mund sammelt Spucke (siehe auch „Zaubergarn"). Wenn ich sage: Stell dir vor, Ameisen und Flöhe zwicken dich am ganzen Körper, krabbeln an dir hoch, schlüpfen in deine Ärmel, in deine Hosenbeine, unter dein Hemd... Acht von zehn Frauen werden Kribbeln und Juckreiz empfinden. Ein genüßlich beschriebener Sandstrand löst gute Gefühle aus, die Erwähnung einer dunklen, kalten Höhle nicht selten Angst. Auf dieser Basis funktionieren Imaginationen und Flüche. Mit Worten arbeiten Politiker, die Menschen manipulieren wollen. Es ist nicht egal, welche Worte ich gebrauche. Worte können zerstören und heilen. In Worten drückt sich auch unser Verhältnis zum Körper, zu Krankheiten aus.

Viele NeurodermitikerInnen sagen „meine Neurodermitis" oder „wenn ich meinen Ausschlag bekomme" oder „ich habe Neurodermitis". Ich denke, daß sich der sprachliche Ausdruck und der körperliche Zustand gegenseitig bedingen. Wenn das „meine" Neurodermitis ist, lasse ich sie mir auch nicht wegnehmen. „Meine Anfälle" sind mein Himmelreich. „Da kann man gar nichts machen", höre ich dann, „das wird immer wiederkommen" („sagt der Arzt" kommt vielleicht noch dazu).

Mit Worten wird ein Zustand fixiert, den es gibt, den viele „haben", der bekannt ist, auf den wir uns alle geeinigt haben. Und seltsam, es ist viel schwerer, Affirmationen der Heilung, der Freude, der Lebenslust überzeugend zu sagen als Affirmationen der Krankheit, der Zerstörung oder auch der Diffamierung. Warum das Unangenehme, das Schlimme, das Gemeine leichter geht, weiß ich nicht. Ich weiß nur, daß es so ist. Die Sprache bestätigt es. Wir hören viel öfter, „das ist eine Schwäche des Immunsystems" als „das Immunsystem braucht Unterstützung, aber die können wir ihm leicht geben".

Wenn von Krankheiten die Rede ist, wird das Leiden eher sprachlich fixiert als in eine flexible, vorübergehende Form gebracht. „Sie hat wieder ihren Nikolausausschlag", hieß es folglich bei mir. Allein die Erwähnung dieses zeitlich festgelegten Ereignisses zusammen mit der Feststellung, daß es mir sozusagen angewachsen war, ließ mich nicht auf die Idee kommen, es könnte nur eine vorübergehende oder gar einmalige Angelegenheit sein. „Das haben jetzt alle", ist auch so eine Formulierung. Wenn es alle haben, warum nicht ich? Ich habe es natürlich auch. Und da ist es auch schon. Ich warte nämlich schon darauf. Alles ist bereit für das Eintreffen der Krankheit, die so ansteckend ist und die alle haben. „Das kann lange dauern", schürt das kleine Feuer. O ja, warum sollte es schnell vergehen, bei den anderen dauert es ja auch lange. Und ist es nicht einer der wenigen Höhepunkte im Leben? Also, dauert's lange, wer bin ich, mich dagegen aufzulehnen?

Will ich, daß es lange dauert? Was heißt hier wollen? Habe ich etwa was zu wollen in dieser Angelegenheit?

„Was Sie wollen, ist hier gar nicht entscheidend", sagte mal ein Arzt zu mir, als ich ihm von der Bahre sprang, weil ich nicht an etwas operiert werden wollte, das sich hinterher als Malaria herausstellte. Und beinahe hätte ich ihm geglaubt. Aber mein Wille ist zum Glück nicht gebrochen worden, und so ein weißbekitteltes Kerlchen ist nicht aus dem Material, mir denselben streitig zu machen.

Aber generell stimmt es wohl, daß Frauen selten „ich will" sagen. Eher sagen sie: Ich könnte, wenn du nichts dagegen hast... oder: Mein Arzt sagt, das würde mir gut tun... oder: Da gibt es ein billiges Angebot... Nur nicht direkt zugeben, daß ich etwas will und es auch bekommen werde. Das könnte mir als Egoismus ausgelegt werden, und als nächstes vergleichen sie mich dann vielleicht mit Frau Thatcher oder Ivana Trump, wer weiß? Immer schön um den heißen Brei herum. Austricksen. Überrumpeln. Sich von hinten anschleichen...

In der Magie gibt es kein „ich könnte vielleicht..." Klarheit ist gefragt. Wer bin ich, was will ich, was sage ich? Krankheit und Gesundheit haben mit Magie zu tun, weil es Zustände sind, die Übergänge markieren. Übergangszustände mit Übertrittsritualen. Verwandlungen. Gestaltwandlungen. Vor allem die Haut reagiert auf solche unbewußten Signale und Befehle. Die Haut, die Schleimbildung, die Lunge. Ich kann sagen: Ich kriege keine Luft, oder ich kriege einen Ausschlag, weil die Luft verpestet, das Wasser vergiftet ist. Das kann wahr sein. Aber der nächste Schritt könnte doch sein: Ich nehme es nicht an! Ich unterstütze meinen Körper, daß er davon nicht krank werden muß. Ich verlagere den Schwerpunkt. Ich spiele mit meinen Energien. Ich scheide Giftstoffe aus. Ja, das kann ich meinem Organismus vorschlagen, ohne daß er beleidigt zusammenzuckt. Ich sage ihm auch: Zuviel Schleim! Produktion einstellen! Und mein Körper tut's. Meine Haut juckt, und ich sage: Kühle, weiche Linderung. Und sie kommt.

Ich konnte es nicht immer. Ich mußte lernen, das zu

formulieren, was mir hilft. Worte sind Verbündete. Worte schaffen Bilder, die sich mit den Vorgängen im Körper zusammentun. Das Hirn besteht fast nur aus umgesetzten Spielvorlagen. Warum hilflos zuschauen, wie der eigene Organismus nur noch auf Befehle der Außenwelt hört? Lebe ich dafür in meinem Körper?

Nein. Da haben wir's. Schmutziges Wort mit vier Buchstaben. Schocktherapie für Männer, für Ärzte, für Eltern, für Kinder. Nein! zieht die Grenze. Es ist befreiend, mit diesem Wort zu spielen (siehe auch „Spielend scheitern"). Nein! ist aller Lüste Anfang. Fährst du mich? Nein. Schläfst du mit mir? Nein. Fährst du mit mir in Urlaub? Nein. Bügelst du mir mein Hemd? Nein. Machst du das für mich? Nein. Gar nichts tue ich. Im Gegenteil. Machst du das für mich, bitte? Keine Umschreibung. Ein klares Ja, ein klares Nein klärt die Atmospäre. Das ist deine Allergie! Nein, meine ist das nicht. Da hat sich etwas bei mir eingeschlichen, das ich nicht *haben* will. Das wird wiederkommen! Nein. Ich werde alles tun, daß meine Haut vor Entzücken aufjubelt, daß sie weich und sanft und beweglich bleibt, daß sie lernt, zu Eindringlingen Nein zu sagen, wie ich selbst das lerne.

Wir haben die negativen Befehle bis zum Erbrechen eingetrichtert bekommen. Warte nur, wenn du erst ein Kind hast! Wenn du erst verheiratet bist! Wenn du mal alt bist! Du wirst schon sehen. O nein.

Alles wird so sein, wie ich es gestalte. Jeden Tag neu. Mal so, mal so. Ich lasse das nicht festlegen, nicht von Eltern, nicht von irgendeiner Illustrierten, die gerade mal wieder einen neuen Trend ausruft. Ich bin unberechenbar. Und was bei mir abläuft, das sage ganz allein ich. Ich weiß es nicht? Ja, kann schon sein, daß ich es mal nicht weiß. Aber nur weil ich noch nicht weiter weiß, werde ich nicht aus Verlegenheit ein paar dieser gesellschaftlichen Flüche wieder auf mich nehmen. Mein Hirn ist begeistert und schlägt mir die verrücktesten Sachen vor. Meine Haut tanzt Pogo, meine Organe gurgeln. Ich bin frei, zu tun, was ich will. Und ich schulde niemandem eine schnelle Entscheidung. Ich habe gelernt, daß manche Entscheidungen ihre Zeit brauchen, die nehme ich mir.

DAS GEHT AUF KEINE KUHHAUT

Hast du dich mal gefragt, warum Lügen, die eigentlich eine Körperverletzung darstellen, öffentlich ständig propagiert werden dürfen? Ohne daß irgendein Gericht eingreift, das doch sofort eingreift, wenn irgendwo gegen Kernkraft oder rasenden Autoverkehr eine Sitzblockade veranstaltet wird?

Pampers vermitteln Babys Wohlgefühle!

Vitaminbonbons sind gesund!

Teure Kosmetikprodukte verhindern Falten oder das Altern der Haut!

Autofahren macht frei!

Alkohol macht locker! Bacardi Rum löst alle Probleme!

Rauchen ist lässig und cool! Stuyvesant „bringt die Menschen zusammen"!

Milchschnitten sind ein „adäquater Pausenbrotersatz"! Mars bringt verbrauchte Energie sofort zurück!

Fangen wir mit den Pampers an: damit Baby immer schön trocken bleibt! Da lacht das Baby, und die Mutter strahlt. Ja, zum Glück gibt es Pampers. Auch in Kliniken werden sie verwendet, interessanterweise aber nicht in Frühgeborenen-Stationen. Nach den Erkenntnissen von Müttern und KinderärztInnen grenzt das eigentlich schon an Körperverletzung. Daß das Baby naß ist, ist nämlich gar nicht sein Problem. Jedes Baby, das immer mal wieder frisch gewickelt wird, bleibt gesund und bekommt auch keinen roten Arsch. Was die Werbung uns suggerieren will, ist: Warum dieses lästige Wickeln! Es reicht, wenn irgendwann mal, falls eineR dran denkt, die Pampers ersetzt werden. Das Baby ist ja nicht mehr feucht. Alles klar. Daraus ergibt sich oft, was von KinderärztInnen mit sorgenvoller Miene „Pampersarsch" (Candida-Pilz) genannt wird – Hautentzündungen, die nicht heilen, rohes Fleisch der ganze Kinderpopo, Höllenqualen, sobald Urin draufkommt, und oft lebenslängliche Pilzanfälligkeit der Haut. Und dann hilft die Pharmaindustrie weiter. Wir haben ja für jedes Problem ein Mittel!

Als es die imprägnierten Plastikwindeln noch nicht gab, war das Baby tatsächlich gelegentlich naß. Aber Urin kühlt nur halb so schnell ab wie Wasser, und wenn das Baby regelmäßig gewickelt, also liebevoll versorgt wird und nicht in Massenabfertigung oder im Trend der Zeit – pflegeleicht, unauffällig und ja nicht „dreckig" –, machen die Ausscheidungen seiner Haut nicht das geringste Problem. Anders die Plastikwindeln, in denen eine Art tropisches Klima entsteht, es gibt keine Luftzufuhr, denn „Baby" ist ja völlig dicht verschlossen. Die Chemikalien, die die Windel zur Haut hin imprägnieren, können eine starke Hautreizung verursachen und haben ein neues Phänomen ausgelöst: Der Stuhlgang, der länger in der Windel liegt, wird zu kleinen harten Knödeln reduziert, geätzt, wie die Kufsteiner Kinderärztin Evi vermutet. „Was muß in dieser Imprägnierlösung drin sein, um den Stuhl eines Babys derart zu zerfressen!" sagt sie.

Meine eigenen leidvollen Pamperserfahrungen (und die meiner Tochter) teile ich mit vielen Müttern. Die Säuglingsstationen können gut Pampers benutzen. Bevor es zu den schrecklichen Entzündungen kommt, sind die Babys längst fort. Die Kinderschwestern müssen sich damit also nicht herumschlagen. Ich finde, daß es Zeit wird, der Firma Pampers das Handwerk zu legen. Zellstoffwindeln in Plastikfolie sind auch nicht viel unpraktischer, wenn auch Mullwindeln die beste Lösung sind.

Denn wer will schon dem eigenen Kind eine Hautschädigung zumuten.

Ähnlich schräg sind die Werbungen für Vitaminbonbons, Milchschnitten oder sonstige Schokoladensnacks und -riegel. Da wird der Eindruck erweckt, das alles sei unglaublich gesund und wohltuend. Tatsache ist, daß diese Sachen weitgehend aus Zucker bzw. aus Zucker und Fett bestehen. Tatsache ist, daß es eine Zuckersucht gibt, die von allen interessierten Industrien und Interessengemeinschaften fleißig geschürt wird. Nach ärztlichen Erkenntnissen geschieht folgendes, wenn ein Kind, das Süßigkeiten kennt und gern mag, eine Süßigkeitenwerbung sieht: Der Körper produziert in Erwartung der Zuckerzufuhr Insulin, obwohl das Kind noch gar keinen Zucker gegessen hat. Das heißt, das Kind braucht die Süßigkeit jetzt wirklich, weil es sonst Unterzucker hat. Es darf aber munter weiter für Süßes geworben werden.

Kraß ist auch die Kosmetikindustrie. Anstatt zuzugeben, daß wir altern und daß die Spuren unseres Lebens zu Recht auf unserer Haut sichtbar sind, verspricht sie, dies zu verhindern. Damit schürt sie nicht nur die Unzufriedenheit vor allem der Frauen mit dem zunehmenden Alter, sie verstärkt auch die Vorurteile gegen das Altern an sich und alte Frauen im besonderen. Sie nimmt uns die Lust am Altwerden und zwingt uns in einen aussichtslosen Kampf gegen Falten und Alterungsprozesse, der in erster Linie einen Haufen Geld und viel Zeit kostet und dazu praktisch nichts bringt. Was er aber bringt: In den meisten Gesichtscremes sind Substanzen, die die Haut austrocknen, so daß sie immer neue Fett- und Schutzschichten braucht. Also kaufen wir immer mehr. Ist das nicht auch Körperverletzung?

Obwohl uns eigentlich allen klar ist, wie schädlich Alkohol ist, wieviel er zerstört, wie er die Persönlichkeit verändert und Menschen unfähig macht, sich ihrem Leben zu stellen und ihre Probleme zu lösen oder ihre Höhepunkte zu genießen, obwohl Alkohol nachweislich gewalttätig macht, obwohl durch Alkohol der Großteil aller Verkehrsunfälle entsteht, darf für Alkohol locker geworben werden, als mache er lustig, frei, lebendig, reich, schön, gesellig und reiselustig. Wie locker Alkohol macht, kann jedeR im Ausnüchterungszelt des Oktoberfests in München besichtigen.

Es ist erwiesen, daß Alkohol, für den cool geworben wird, bei Jugendlichen verzweifelte Nachahmung auslöst. Bacardi Rum zum Beispiel suggeriert, daß wir in einer heilen, sonnigen, schönen Welt leben, in der junge Leute miteinander gut drauf sind. Bacardi Rum wird von Jugendlichen bevorzugt auf Festen getrunken. Und obwohl es die Werbung doch verspricht, kommen sie eigenartigerweise damit den Tropen nicht näher, lösen ihre Partnerschaftskonflikte nicht und sind auch nicht unverkrampft und locker. Sie sind, was sie waren: unsicher, am Zeitgeist orientiert, um nichts falsch zu machen, gnadenlos in der Aburteilung anderer. Und dazu kommt, daß die meisten Vergewaltigungen und Mißhandlungen unter Einfluß von Alkohol geschehen. Keine Körperverletzung?

Nur ein Problem haben Leute mit Alkoholproblemen nicht: Hautprobleme. Die treten vor der allgemeinen Zerstörung des Körpers durch den Alkohol zurück. Erst später, im Alter, wird auf der Haut sichtbar, was der Alkohol lange vorbereitet hat: geplatzte Adern, die Austrocknung des Körpers und der Haut. Unerklärliche Hautausschläge, schrecklicher Juckreiz, Allergien – zuletzt auch gegen den Alkohol selbst – sind die Folge. Denn Alkohol entzieht dem Körper Flüssigkeit.

Ach ja, und dann die Autoreklamen! Status, Potenz und Macht werden versprochen: „Die Formel für Freizeit und Abenteuer!" (Ford) „Mann, ist das ein Typ!" (Renault)

„Platz da, jetzt kommt Mazda!" „Design für die Überholspur!" und „Wroum! Der Sport-BMW greift an!" Ist das etwa keine Aufforderung zur Gewalt? Leiden wir nicht unter den Überholspur-Westentaschenralleyfahrern, den BMW-Protzen, die die Geschwindigkeit 180 km/h gepachtet haben? Unkooperativem Fahrverhalten, motorisiertem Rüpel- und Killertum wird hier Vorschub geleistet. Betrachten wir die Unfallzahlen und denken daran, wie Führerscheinneulinge auf diese Sprüche reinfallen und Nacht für Nacht tödliche Unfälle bauen, dann ist das Körperverletzung, was uns die Werbung da bietet.

Besonders infam ist der neue Werbespruch von Mercedes: „Viel getrunken hat er nie, jetzt haben wir ihm auch noch das Rauchen abgewöhnt!" Das ist der Gipfel, das Öko-Auto! Vielleicht wird endlich mal gerichtlich geklärt, daß grundsätzlich jedes Auto Dreck macht. Daß die Schäden, die ein Auto anrichtet, nicht wiedergutzumachen sind.

Die Schwächung unseres Immunsystems, die Zerstörung der Ozonschicht, die Verpestung der Luft gehen in allererster Linie aufs Konto des Autoverkehrs in aller Welt. Aber obwohl fast jedes zweite Kind heute eine Allergie, Bronchialleiden oder Hautekzeme hat, obwohl klar ist, daß die Autos mit ihrem exzessiven CO_2-Ausstoß Bäume, Pflanzen, Tiere und Menschen krank machen und schließlich töten, wird nicht nur der Autoverkehr nicht eingeschränkt, nein, es darf immer noch dafür geworben werden. Ich habe mein Auto aufgegeben und will keins mehr haben. Wann werden wir Frauen begreifen, daß wir mit dem Herumkarren der Kinder den öffentlichen Verkehr ersetzen? Daß wir die Hauptkonsumentinnen sind? Daß mit unserer Verweigerung von Giften ein Umdenken erzwungen werden kann? Warum verzichten wir immer noch auf diese Macht, obwohl unsere Kinder und wir selbst an den Folgen des allgemeinen Wahnsinns krepieren? Warum rennen wir immer noch von einer Hautarzt-Kapazität zur anderen, anstatt endlich mal unsere Macht als Konsumentin, Mutter, Ehefrau einzusetzen. Konsumverweigerung ist das einzige wirksame Mittel gegen die Produktion von Umweltgiften.

II.

HÄUTUNG

DIE VIER ELEMENTE IM KÖRPER

Die vier Elemente formen unseren Körper, und mehr als jedes Mittel oder Medikament können die Elemente den Körper heilen und ins Gleichgewicht bringen.

Die vier Elemente sind wichtig. Wir wissen das. Wenn wir sie jedoch überhaupt wahrnehmen, dann nur oberflächlich. In der Magie, in der Mystik, in der Esoterik wird ja viel von den vier Elementen geredet, im Tarot gibt es die vier Symbole dafür. Aber was heißt das konkret?

Fangen wir bei der *Luft* an. Von allen vier Elementen brauchen wir die Luft am nötigsten. Aber Luft scheint für uns so selbstverständlich, daß sie indiskutabel, also „Luft" für uns ist. In stickigen Räumen, wenn der Sauerstoffgehalt der Luft abnimmt, fängt der Körper an, sich zu wehren. Kopfschmerzen, Übelkeit, Halsschmerzen, Grippesymptome sind die Folge. Zellen, die nicht mehr richtig beatmet werden, die nicht mehr mit Sauerstoff versorgt werden, lassen Eindringlinge ein. Krebs bildet sich hauptsächlich in Zellen, die „vergessen", lange nicht richtig beatmet wurden. Das scheint bei den vielen Zellen, die wir haben, leicht möglich. Wie kann ich an jede Zelle denken, sie spüren? Vor allem die östlichen Atem- und Bewegungsübungen wie Qui Gong, Tai Chi und Yoga lösen dieses Problem hervorragend.

Grundsätzlich gilt: Überall, wo Dehnung entsteht, schießt das Blut hin. Ist das Blut reich an Sauerstoff, kommt es zu einer wunderbaren Versorgung der entsprechenden Zellen. Morgens den ganzen Körper zu dehnen, nach der Art der Katzen, ist die beste Möglichkeit, den Körper zu wecken. Bei offenem Fenster, auf dem Balkon oder gar im Freien ein paar Atemübungen oder Dehnungen zu machen, ist geradezu ideal. Auch für die Haut ist Luft Allheilmittel. Ich suche mir, sobald es wärmer wird, eine geschützte Stelle am Waldrand und lasse den nackten Körper vom Wind schütteln. Viele Hautunreinheiten, Pickel, Mitesser oder gar kleine Abszesse verschwinden, werden von der körpereigenen Abwehr rausgeworfen, wenn genug Luft an die Haut kommt.

Die Haut sehnt sich danach, von einem lauen Wind liebkost zu werden. Die Lungen füllen sich genüßlich mit frischer Luft, während die Haut von eben dieser Luft eingehüllt und gewiegt wird. Dafür brauchen wir Schutzräume. Orte in der Natur, an denen wir sicher sind. Freundinnen.

Die Luft ist heutzutage als Heilmittel ganz „out". Eine Patientin, der geraten wird zu atmen, vor allem tief und heftig auszuatmen, um die alten Partikelchen aus den Lungen zu befördern, fühlt sich meist nicht ernst genommen und will ein wirksames Mittel.

Während uns die frische, gesunde, sauerstoffreiche, schadstoffarme Luft auf der Haut fehlt, haben wir im Überfluß abgestandene Luft im Körper. Zuviel reden, zuviel Blähungen, falsche Ernährung und zu viele Gase belasten den Organismus. Die schönsten Arten, an viel Luft zu kommen: Tanzen, möglichst an einem Ort, wo nicht geraucht wird. Einmal am Tag außer Atem geraten, denn dann pumpt der Körper die Luft von allein dahin, wo er sie braucht. Heftige leidenschaftliche Liebe tut dasselbe. Oder wenn das gerade nicht geht: genußvolle Massagen.

Die Luft befördert und stärkt das *Feuer* im Körper. Auch zum Feuer haben wir ein seltsames Verhältnis.

Heiße Getränke und warmes Essen sind uns selbstverständlich, wir lassen uns von der Heizungsluft ausdörren, und wenn wir vom Winter ausgezehrt sind, legen wir uns in die pralle Sonne und holen uns einen Sonnenbrand. Maß- und Ahnungslosigkeit von der Wirkung des Feuers in und auf dem Körper bestimmen das Verhalten in unserer Kultur. Die Atemluft bewirkt, daß die Verbrennungsprozesse im Körper richtig ablaufen. Für den Stoffwechsel, für das Freisetzen der Botenstoffe, der Hormone und Enzyme, für die Verdauung und die Denkprozesse im Hirn brauchen wir das Körperfeuer. Nahrung entfacht es, Luft befördert es. Feuer im Körper kann die Verdauung ebenso sein wie das Fieber, das Schwitzen, die Temperaturregelung überhaupt, das Aufwärmen der Haut bei Kälte.

Es gibt tibetische Übungen, von Einsiedlermönchen praktiziert, die bewirken, daß die Körpertemperatur stark ansteigt oder fällt. Angeblich können solche Mönche Eis auf ihrer Haut auftauen. So weit würde ich zwar nicht gehen, ich habe aber bemerkt, daß die Wärmeregulierung auf der Haut tatsächlich steuerbar ist. Seit ich praktisch nur noch barfuß oder barfuß in Schuhen gehe, sommers wie winters, haben meine Füße gelernt, Temperaturen auszugleichen. Übrigens kann ich besser denken und mich besser konzentrieren, wenn die Füße kühl sind. Friere ich, dann schließe ich die Augen und entzünde mein inneres Feuer, lasse es Hitze durch den Körper schicken und die Haut davon heiß werden. Ich kann dann tatsächlich ein Ansteigen der Temperatur um mich herum feststellen, oder sagen wir: Mir wird warm, als wäre es insgesamt wärmer geworden. Schnelles Gehen oder Laufen regt die Verbrennungsprozesse im Körper stark an. Und das innere Feuer ist günstiger als das äußere.

Direkte Sonneneinstrahlung zwingt die Haut zu extremen Abwehrreaktionen (Bräune) auf Kosten des Immunsystems. Warmes Wasser laugt die Haut aus, weicht sie auf und macht sie für feindliche Einflüsse anfällig. In den Tropen altert die Haut schneller. Ich kann meine Haut aufheizen, wenn ich tief und kräftig atme und dazu eine Feuer-Imagination mache. Ich glaube, es liegt nicht nur daran, daß ich demnächst in die Wechseljahre komme, daß meine Heizkörper fast alle abgestellt sind. Ich habe nicht soviel Angst vor der Berührung mit der kühlen Luft, und ich habe Vertrauen in meine Fähigkeit, Hitze zu erzeugen, wenn ich sie brauche. Dehnungsbewegungen und das lustvolle Toben der Liebe sind auch für das Feuer im Körper und die Wärme auf der Haut unersetzlich. Fieber nutzt der Körper als Mittel, Krankheitserreger abzuwehren und unschädlich zu machen. Fieberkuren lassen sogar Neurodermitis abklingen. Solange das Fieber nicht zu hoch ansteigt, sollte es auch nicht mit Fieberwickeln gedrückt werden, weil es einen feurigen Reinigungsprozeß im Körper bewirkt. Während die Luft alte Partikel aus dem Körper trägt, brennt das Feuer Krankes und Fauliges aus.

Eine wichtige Funktion hat auch die Wut. Wenn Erregung und Wut aufsteigen, sollten sie möglichst nicht unterdrückt, sondern ausgelebt werden, denn was das Fieber körperlich macht, bewirkt ein Wutausbruch seelisch und spirituell. Wer Erregung und Wut immer runterschluckt, legt in der Seele kleine Feuer, die sich irgendwann zu einem zerstörerischen Flächenbrand ausweiten können.

Lachen ist eine Form von Feuer, die die Lebenslust, die Lebenskraft überhaupt anfacht. Tatsächlich werden beim Lachen irgendwelche Hormone oder Botenstoffe, die die Wissenschaft noch nicht so genau kennt, ausgeschüttet, die heilende Fähigkeiten haben und wirklich Krankheiten im Körper lindern oder ganz verschwinden lassen. Ich habe beobachtet, daß Lachen allergische Reaktionen auf der Haut zurückgehen läßt.

Das Element *Erde* kommt mit der Nahrung in den Körper. Alles Sichtbare, Greifbare, die ganze Materie des Körpers ist vom Element Erde durchzogen. Haut, Haare, Nägel, die Organe, die Knochen, die Muskeln, die ganze Substanz gehört der Erde an und wird zu Erde, wenn wir begraben sind.

Würden wir ökologisch denken, wenn wir uns ernähren oder irgendwelche Substanzen zu uns nehmen, würden wir nur solche wählen, die nach der Verdauung auch für die Umwelt keine Belastung darstellen. Das würde dem Körper ganz ausgezeichnet bekommen. Da wir aber meistens noch nicht einmal ein Gefühl dafür haben, was der Körper wirklich braucht, verseuchen wir mit unserer Scheiße, die ja bei fünf Milliarden Menschen auch kein unerheblicher Umweltfaktor mehr ist, die Erde, die dann mit all den Antibiotika, Hormonpräparatresten, Giften, Schwermetallen usw. fertigwerden muß, die ja meist im Körper noch potenziert werden. Ich finde es sinnvoll, Konsum und Müll und auch Essen und Scheiße nicht zu trennen. Das eine bewirkt das andere. Wer viel ißt, produziert auch viel Abfall und Ausscheidungsprodukte. Das ist menschliche Realität.

Ich finde diese Realität nicht deprimierend. Deprimierend ist eher, wie wenig wir die Zusammenhänge zwischen dem einen und dem anderen kennen. Daß viele Hautreaktionen eigentlich auf den Verdauungsprozeß hinweisen oder vielmehr darauf, daß so vieles für unseren Körper gar nicht verdaulich ist, wird oft übersehen.

Damit will ich nicht sagen, daß wir uns alle mit übervorsichtigem, höchst gesundem Essen den Appetit verderben sollen, sondern daß wir uns bewußt sein sollen, welche Art irdischer Materie unseren Organismus berührt. Während wir zuviel essen, haben wir die sinnliche

Berührung, den körperlichen Kontakt mit den meisten Substanzen verloren. Der Körper wird eingehüllt in gift-behandelte oder synthetische Materialien und bekommt keine Chance, Erde, Steine, Pflanzen, Lehm, Schlamm zu berühren. Hautirritationen und -krankheiten werden halt „behandelt". Doch dies Wort ist Hohn, wenn wir beden-ken, wie wenig eine Behandlung bei Ärzten mit „Hand" zu tun hat, mit Berührung, mit „von der Hand berührt und bearbeitet werden". Hand auflegen, massieren halte ich für wundervolle Möglichkeiten, den Körper auf er-dige Weise zu heilen.

Für das Element Erde gilt vor allem: Mach dir die Sub-stanzen bewußt, die du in deinen Körper läßt und mit denen du dich umgibst. Fördere die Verdauung durch entsprechende Nahrung. Laß dich be-hand-eln von einer Person, die deine Hingabe nicht ausbeutet. Wie du die findest? Die „Fachleute" sind meistens gar nicht die be-sten. Frauen sind vertrauenswürdiger als Männer.

Das Element *Wasser* ist das spürbarste im Körper und wird am meisten wahrgenommen. Trinken, Weinen, Pis-sen und Bluten sind die Hauptab- und -zufuhrarten von Flüssigkeit. Schwitzen gilt als unfein, viele Witze werden um das „Transpirieren" gemacht, weil eine Dame ja nicht schwitzt. Dabei ist gerade das Schwitzen – die Verbin-dung von Feuer und Wasser – die beste Reinigungsmög-lichkeit des Körpers.

Neben dem ungenügenden Atmen ist das Trinken für Frauen sicher ein Hauptproblem. Die Werbung versucht immer, den Frauen weiszumachen, daß Models von ir-gendwelchen Cremes oder Substanzen schön sind oder werden. Weit gefehlt. Übereinstimmende Aussage dieser schönen Frauen ist, daß sie viel trinken, bis zu sechs Liter am Tag, und daß sie sich oft mit kaltem Wasser waschen oder duschen, weil das die Haut strafft und die Fettpro-duktion der Haut anregt, während warmes Wasser das

Fett auslaugt und die Haut austrocknet. Dreißig kalte Güsse am Morgen ins Gesicht beheben die meisten Probleme dort. Meine Hebamme, die zugleich auch eine Freundin meiner Mutter war, wusch sich jeden Tag mit einem Waschlappen den ganzen Körper kalt ab. Sie hatte babyweiche Haut und wurde über neunzig Jahre alt. Von ihr weiß ich, daß Wasser *auf* der Haut nicht so gut ist wie *im* Körper. „Wenn du ein Hautproblem hast", sagte sie, und sie wußte, daß wir in der Familie genug davon hatten, „dann mußt du äußerlich wenig Wasser anwenden und so kühl wie möglich, aber innerlich mußt du schwimmen." Damit bin ich nicht schlecht gefahren.

Das Wasser im Körper dient als eine Art Kanalisation, in der alle möglichen Stoffe transportiert werden: Enzyme, Abwehrkörper, Freßzellen, Blutkörperchen, Hormone, Giftstoffe, Wirkstoffe. Der Blutkreislauf verteilt alles im Körper, der Wasserkreislauf führt zum Körper und aus ihm heraus. Mit der Tränenflüssigkeit wird beispielsweise auch ein Glückshormon bzw. ein Beruhigungsmittel, hausgemacht und ganz auf die Situation abgestimmt, ausgeschüttet. Es gibt also nichts Wunderbareres als Tränen zu lachen. Je weniger fremde Reiz- und Wirkstoffe von außen in den Körper kommen, um so größer ist die Fähigkeit, diese Stoffe selbst herzustellen. Meine Glückshormonproduktion muß in der Kindheit exzessiv gewesen sein, dann habe ich sie offenbar eine ganze Zeitlang verloren, und jetzt läuft sie wieder zu neuer Höchstform auf, weil ich nicht rauche, keinen Alkohol trinke, keine Medikamente nehme und jede Gelegenheit zum hemmungslosen Lachen und Toben ausnutze.

Mit dem vermehrten Trinken wird der Urin dünner und greift die Blasen-, Nieren- und Harnröhrenwände nicht an. Außerdem fließt mehr, also kann auch mehr abfließen. Ich weine ohne Hemmungen, wenn mir danach ist. Am liebsten im Kino – die beruhigende Wirkung läßt nicht lange auf sich warten. Andererseits habe ich die Gelegenheiten, bei denen ich wirklich weinen muß, drastisch reduziert, so daß nur noch unvorhergesehene tragische Ereignisse den unglücklichen Tränenfluß auslösen. Körpereigene morphiumähnliche Stoffe hin oder her – ich bin froh, wenn ich nichts Trauriges zu beweinen habe.

Wenn die Atemluft ein Problem ist, gilt das genauso für das Wasser. In vielen Gegenden muß für Babys Mineralwasser gekauft werden, weil das Trinkwasser bereits so stark mit Pestiziden und Nitraten, oft sogar mit Kupfer- und Bleirückständen aus alten Rohren verseucht ist.

Hätten wir die Liebe und den Respekt vor den Elementen, vor der Atemluft, der heilenden Erde, dem reinigenden Feuer und dem erneuernden Wasser nicht verloren, wäre es nie soweit gekommen, daß heute Firmen ihre Gifte ins Grundwasser sickern lassen und für ihre Maschinen Trinkwasser benutzen, daß bedenkenlos jedes Jahr Millionen von Autos neu zugelassen werden, daß Atomkraftwerke Erde, Luft und Wasser radioaktiv verseuchen.

Um sich die Bedeutung der Elemente für unser Leben klarzumachen, ist es schön, sich im Haus, in der Wohnung kleine Verehrungsorte, Altäre für sie aufzubauen. In einer Ecke können kleine Gefäße mit verschiedenen Erden von Orten, die du liebst, stehen, auch Sand von schönen Stränden oder Steine. In einer anderen Ecke kannst du eine Schale mit Wasser aufstellen, um das Wasser zu ehren. Du kannst in diese Schale auch ein paar Tropfen ätherischen Öls hineingeben. Da die Luft in unseren Räumen oft unvorstellbar trocken ist, wirst du merken, daß du das Wasser oft erneuern, die Schale auch entkalken mußt (mit Essig, der ein paar Stunden in der Schale stehen soll und dann ausgewaschen wird, es belastet den Wasserkreislauf nicht, wenn du natürlichen Obstessig nimmst). Für die Luft kannst du Federn in eine Ecke legen oder ein Mobile aufhängen. Du kannst auch ab und zu räuchern, so beziehst du auch das Feuer ein.

Heilen mit den Elementen ist die einfachste Sache der Welt.

Luft: Duftöle (nach Sympathie), Atemübungen, einmal täglich außer Atem geraten, die Haut dem Wind und der frischen Luft aussetzen, Kleidung und Bettzeug lüften, Zimmer lüften und räuchern (mit Salbei oder Rosmarin räuchern wirkt effektiv gegen Ungeziefer). Zur Luft-Heilung gehören auch die heilenden Töne (Musik zu hören, die du liebst, oder selbst Töne zu machen, die dich in eine ruhige, schöne Stimmung versetzen) und die Farben. Dabei würde ich immer intuitiv vorgehen. Such dir für jede Krankheit oder Störung eine Farbe, die dir gerade genau entspricht. Dann kannst du ein Tuch in dieser Farbe auf die Augen legen und etwa fünf bis zehn Minuten ruhig liegen, tief atmen und die Farbe über deine Augen – bei geschlossenen oder offenen Lidern – auf den ganzen Organismus wirken lassen. Die Farbe Blau hat übrigens die angenehme Begleiterscheinung, daß sie heuschnupfentriefende Nasen und Schleimhäute beruhigt und offenbar abschwillt. Alle entzündlichen Prozesse lassen sich mit Blau- und Grüntönen günstig beeinflussen. Alle Krankheiten eines geschwächten Immunsystems, schlechte Durchblutung, matter Kreislauf, Müdigkeit, Erschöpfung, Lustlosigkeit, Depressionen lassen sich mit Rot- und Gelbtönen positiv beeinflussen.

Ich bin allerdings der Meinung, daß grundsätzlich jede Krankheit schon weit im Vorfeld der körperlichen Wahrnehmungen entsteht. Auftauchende Symptome zu lindern, halte ich nicht für gut. Aber gerade die Farb- und die Klangtherapie erreichen, daß du dich stärker mit dir selbst, deinem Körper, deinem Un-Wohl-Sein beschäftigst, und damit sickerst du vielleicht auch in jene Schichten ein, wo die Krankheit ihren Ursprung hat. Tiefes, sattes Atmen führt immer dazu, daß nach einiger Zeit ein wohliges Gefühl entsteht. Außerdem weist das Atmen auf verspannte Stellen im Körper hin, durch die du mit dem Atem nicht „durchkommst". Verspannungen zeigen sich durch einen Schmerz, wenn du hinatmest. Viele Menschen hören deshalb auf, tief zu atmen, und „schützen" die irritierte oder kranke Stelle im Körper, indem sie nicht mehr hinatmen, weil es sticht oder weh tut. Ich würde es zwar auch nicht forcieren, aber mit sanften Atem-Brandungswellen immer wieder hinfühlen, mein ganzes Körpersystem ermutigen, sich zu entspannen, loszulassen, zu genießen. Das läßt sich dann tatsächlich oft mit einer bestimmten ruhigen Lieblingsmusik erreichen, und der Schmerz verschwindet.

Erde: Erde kannst du essen oder auf die Haut schmieren. Erde entgiftet. Früher wurden in Bayern und im Allgäu Menschen mit Alkoholvergiftung im Misthaufen eingegraben. Der Gärungsprozeß heizte den Vergifteten kräftig ein, und die Humusschicht nahm das Gift, das mit dem Schweiß aus dem Körper kam, auf. Heutzutage müssen wir schon froh sein, wenn wir überhaupt einen anständigen Misthaufen finden, von daher wird diese Entgiftungsmethode eher schwierig sein. Es ist aber absolut lustvoll, sich in warmen Sand einzugraben oder sich im Moor in weichen Schlamm zu legen. Wichtig ist hier vor allem, daß der weiche Schlamm eine feste Basis hat und daß es Bäume oder Baumstümpfe gibt, an denen du dich wieder herausziehen kannst. Ich habe mich immer gewundert – schon als Kind übrigens, denn ich wuchs in der Nähe von Bad Aibling auf –, warum Leute für Schlammbäder oder -packungen Geld bezahlen. In jeder Moorgegend kannst du dich umsonst in ein Moorloch stellen oder legen. Ich mache das jedes Jahr ein paarmal, allerdings ist es wirklich ratsam, den Boden vorher zu überprüfen und in unbekannte Gegenden mit einer Freundin zusammen zu gehen. Über Schlamm- und Lehmrituale werde ich noch ausführlicher in einem eigenen Kapitel schreiben.

Wasser: Fließendes Wasser von einem Bergbach ist für die Haut ein Jungbrunnen, genauso wie Meerwasser oder ein Moortümpel. Wenn ich das Gefühl habe, ernstlich krank zu werden, höre ich auf zu essen und trinke dann exzessiv, bis zu fünf Liter am Tag. Keine Erkältung, keine Grippe widersteht dieser Wässerung. Auch Wucherungen (ich hatte Knoten in der Brust, die ich mit inneren und äußeren Wassergüssen und Imaginationen auflöste) reagieren positiv auf Wasser, das heißt, sie hören auf zu wachsen. Es gibt Theorien, die besagen, daß Wucherungen feste Nahrung brauchen, um wachsen zu können. Nach meiner Erfahrung stimmt das. Ich habe sowohl eine Blinddarmnarbe, die anfing auszuwachsen, wie auch die Knoten in der Brust wie auch mehrere Ausschläge erfolgreich behandelt. Ich gebe allerdings gern zu, daß ein befreundeter Arzt immer mal vorbeigeschaut hat, um sicherzugehen, daß es mir während meiner Eigenbehandlung gutging. Ich behaupte nicht, daß Frauen Wucherungen oder Krebs mit Wassergüssen oder Lehmritualen heilen sollen. Grundsätzlich muß jede Frau solange nachdenken und sich informieren, bis sie die Behandlungsmethode gefunden hat, zu der sie Vertrauen hat. Wenn eine Frau davon überzeugt ist, daß nur eine Operation oder Chemotherapie sie retten wird, dann muß sie es so machen. Die Selbstheilungskräfte sind nämlich an unsere Überzeugung gekoppelt, gegen unsere Überzeugung werden wir nicht gesund, auch wenn der Rat noch so gut (gemeint) ist.

Sauna und Schwitzen durch sportliche Betätigung aller Art tun dem Körper auch gut, allerdings nur, wenn er gesund ist. Wer schon erkältet ist, sollte nicht in die Sauna gehen. Das kostet den Körper zuviel Kraft, einerseits die Temperaturunterschiede auszugleichen und andererseits die bereits arbeitende Krankheit zu bekämpfen.

Feuer: Das nicht steuerbare ursprüngliche Feuer des Körpers ist natürlich das Fieber. Wer Fieber bekommt, hat einen Krankheitsprozeß zu verarbeiten, es ist daher nicht sinnvoll, das Fieber zu drücken, sondern vielmehr den Körper so ruhig zu stellen, daß die Krankheitserreger im Körper verbrannt werden können, ohne daß noch neue Probleme hinzukommen. Mit Fieber zu arbeiten oder in die Schule zu gehen, ist deshalb natürlich nicht empfehlenswert. Als ich ein Kind war, galt noch: Nach hohem Fieber, also über 39 Grad, muß die kranke Person noch drei Tage liegen, nachdem das Fieber abgeklungen ist. Mit akuten Krankheiten ist auch direkte Sonneneinwirkung nicht zu vereinbaren. Das Feuer als Element im Körper muß gut dosiert werden.

Wenn du das Gefühl hast, daß dein Immunsystem ziemlich heruntergekommen ist, kann ich dir aber eine Feuer-Kur empfehlen, die sich bei mir bestens bewährt: Vor dem Einschlafen zündest du viele, viele Kerzen an, mindestens zwanzig. Am besten sind natürlich Bienenwachskerzen, du kannst ja ganz dünne Baumkerzen nehmen, dann wird's nicht so teuer. Wenn alle Lichter angezündet sind, schaust du etwa fünf bis zehn Minuten oder für die Dauer eines Lieblingsliedes oder einer Tasse Kräutertee in das Lichtermeer. Du trinkst das Kerzenlicht in dich hinein. Dann gehst du ins Bett und machst kein Licht mehr an, läßt dich also praktisch in die Dunkelheit fallen. Das macht wundervolle Träume, stabilisiert die Laune, die Widerstandsfähigkeit und die Lebenslust.

VERBÜNDETE DER HAUT

Es gibt viele Substanzen, die nichts oder ganz wenig kosten und wahre Wunder bewirken. Aber was nichts kostet, wird von den meisten Menschen auch nicht hoch eingeschätzt. Wenn's nicht eine Kapazität verschrieben, ein Guru empfohlen oder eine Fachzeitschrift ausgerufen hat, kann auch nicht viel dran sein.

Tatsache ist, daß wir, wenn wir uns an all die Natursubstanzen halten würden, die unseren Körper regulieren und heilen können, kaum mehr anfällig wären für Krankheiten, vor allem nicht für solche, die als Wellen durch die Bevölkerung gehen und am Lebensnerv zerren, wie beispielsweise die immer wiederkehrenden Grippeepidemien mit den verschiedensten Viren. Tatsache ist auch, daß ein Körper mit gutem Immunsystem Krankheiten besser abwehrt und daß ein gutes Immunsystem liebevoll gepflegt werden muß. Und da stellt sich dann bald heraus, daß zwar für die Autopflege, für die Anschaffung und Instandhaltung der Kleidung, für die Lifestyle-Anpassung der Wohnung kein Aufwand zu groß ist, aber der Körper soll gefälligst funktionieren und mit Schönheitscremes, Bodylotion, Parfüm und einer gelegentlichen Aspirin- oder Alka-Selzer-Gabe zufrieden sein.

Je mehr ich über meinen Körper erfahre, um so verblüffter bin ich, wie dieses Wunderwerk, das uns in Bewegung und am Leben hält, trotz der unvorstellbaren Hindernisse, die ihm in den Weg gelegt werden, überhaupt noch funktionieren kann. Wir machen uns doch erst klar, wie wunderbar so ein Körper ist, wenn er nicht mehr mitmacht. Ist doch selbstverständlich, daß geatmet, Blut gepumpt, Nahrung verdaut, der Stoffwechsel durchgeführt wird und Gifte ausgeschieden werden. Wie es geht, wissen wir gar nicht. Obwohl wir mitten im Körper sitzen, stehen oder schweben, haben wir letztlich keine Ahnung. Wir nehmen an, daß es schon irgendwie hinhauen wird, wenn wir oben in den Mund irgendwas reinstopfen. Haut und Haare sind ehrlich und zeigen bald, wenn im Körper etwas nicht stimmt. Das Haar verliert den Glanz, die Haut zeigt Spuren, schlägt aus, wird bleich oder fleckig, produziert Unreinheiten. Dem allgemeinen Trend zum Trotz, der überschminkt oder „verschwinden läßt", gehe ich diesen Signalen nach und bin froh, daß die äußeren Grenzen meiner Innenwelt noch bereit sind, Botschaften an mich (wer immer das ist) weiterzugeben. Wenn alles immer vertuscht und verdrängt wird, erinnert mich das an die Geschichte von Tschernobyl, wo das Warnlicht Monate vor dem Ausbruch des Feuers immer wieder aufblinkte und irgendwer mal einen Hut über das Licht hängte, weil es „nervte".

Die Verbündeten, die ich hier zusammengestellt habe, sind Medizin im alten Sinn dieses Wortes (siehe auch Kapitel „Erste Hilfe"). Sie begleiten als befreundete Energien den Körper, gleichen aus, ermuntern, regen Lust an und zwar ohne daß eine Krankheit da wäre. Nicht Medizin gegen, sondern Lebensmedizin, Freunde.

Bäume: In der Nähe von Interlaken lernte ich einen Baumheiler und seine Tochter kennen. Baumheiler hieß er, weil er mit allem heilte, was von Bäumen kommt. Er und seine Tochter waren der Überzeugung, daß es auf der Welt kein Leiden gibt, das nicht durch die Freundschaft mit einem Baum geheilt werden kann. Sie verarbeiteten das Harz, das sie von gefällten Bäumen abnahmen, zu Gicht- und Rheumasalben, aus den Rinden-stücken bestimmter Bäume (Birke, Eiche, Kiefer) kochten sie einen Absud, der in Tinkturen und Heilsalben verarbeitet wurde. Sie kochten auch Wurzelstücke – wobei sie nur bereits gefällte Bäume nahmen. Täglich waren sie auf langen Wanderungen unterwegs, um all die Mittel zusammenzutragen, die ihnen die Bäume schenkten. Aus Blättern oder Nadeln wurde Teekraut oder Räucherwerk. In den meisten Baumrinden und -wurzeln ist viel Gerbsäure enthalten, dazu Alkaloide, Saponine und Ähnliches. Der Absud davon kann also Entzündungen hemmen und Wunden heilen.

Unsere VorfahrInnen, die ja Medizin, Schulmedizin im heutigen Sinn nicht kannten, heilten alle ihre Krankheiten mit Mitteln aus der Natur, vor allem den „Aussatz". Es ist ja mittlerweile auch schon recht bekannt, daß beispielsweise der Absud von Walnußblättern oder den grünen Schalen der Nüsse Hautkrankheiten aller Art heilt. Und wenn es auch nicht wirklich helfen sollte, schadet's doch nicht, sondern baut die feine Struktur der Haut auf, anstatt sie rigoros da zu zerstören, wo ein Ausschlag ist (wie es das Cortison tut). Was liegt also bei chronischen Hautunreinheiten oder -krankheiten näher, als zuerst einmal die Freundschaft der Bäume zu suchen und auszuprobieren, was sie anzubieten haben.

Das läßt sich auf einem Spaziergang einfach umsetzen: Sammle Rindenstücke, Tannenzapfen und evtl. kleine Harzbrocken, nimm alles mit nach Hause, koche es zu einem Sud, gieße ihn durch ein Sieb und verquirle ihn, wenn er nur noch lauwarm ist, mit Olivenöl, Yoyobaöl oder Avocadoöl. Dann reibe die Haut damit ein. Du solltest natürlich schon in einem Wald spazierengehen, der nicht gerade an einer dicht befahrenen Autostraße liegt. Ich halte mindestens eine Entfernung von ein paar hundert Metern zu einer Straße ein. Am liebsten sammle ich Eichenrinde, Birkenrinde, Harzklumpen von allen möglichen Bäumen, Wurzelstücke von frisch gestürzten Bäumen, Spitzen von Nadelbäumen, junge frische Blätter von Walnußbaum, Linde, Buche, Esche und Erle und Eicheln und Bucheckern. Die Rinde nehme ich von möglichst frisch gefallenen Bäumen, nicht von lebendigen. Sei dir auch darüber klar, daß jede Verletzung der Rinde eines lebenden Baums eine Verletzung seiner Haut und damit seiner eigenen Abwehrkraft ist. Zapf keine Bäume an, denn sie bluten aus und müssen dann mit Plastikversiegelung verschlossen werden. Tu den Bäumen nicht an, was du in deiner eigenen Haut erleidest.

Schnaps: Kauf dir eine Flasche Wacholder oder Enzian, am besten aber Bärwurzschnaps. Wenn er sauber gebrannt ist, ist er wirklich ein phantastisches Heilmittel. Du kannst damit Wunden desinfizieren oder ihn in homöopathischen Dosen zur Stärkung deiner Lebenslust benutzen, wobei die homöopathische Dosis aus dreimal täglich fünf Tropfen, mit einer Pipette aufgezogen, besteht. Fünf Tage lang wiederholen, dann fünf Tage lang aussetzen, eventuell wiederholen. Dieses Rezept ist völlig ungeeignet für Frauen mit Alkoholproblemen oder -abhängigkeit. Du darfst nicht einmal einen Tropfen davon nehmen, und auch keine andere homöopathische Medizin in Tropfenform. Auch wenn du auf Alkohol allergisch bist, sollst du nie Alkoholauszüge irgendeiner Art verwenden.

Honig/Bienenwachs/Bienenkittharz/Pollen/Gelee Royale/Propolis: Alle Erzeugnisse von Bienen sind der Haut und dem menschlichen Organismus sehr geneigt. Honig wirkt entzündungshemmend und ist, in Öl oder selbstgemachte Cremes gemischt, ein wirksames Schutzmittel gegen den Befall der Haut. Honig ist ein uraltes Heilmittel. In Kreta, Malta, Ägypten beispielsweise wurde Honig als Heilsubstanz und heilige Nahrung sehr geschätzt. Die

Biene gilt als Symboltier der Matriarchate Kretas. Ein Problem habe ich allerdings mit der Nutzung von Bienenprodukten. Ich glaube nicht, daß wir berechtigt sind, im Übermaß für unsere eigene Schönheit und Gesundheit Raubbau an Produkten der Natur zu treiben, die diese Substanzen selbst dringend benötigt. Gelee Royale und Propolis brauchen die Bienen, um ihr Volk und ihre Königin gesund zu erhalten. Also gilt für uns Menschen: nur soviel wie unbedingt nötig von den Heilkräften der Natur zu benutzen und reichlich zurückzugeben – in Form von Gesängen, Kalkgaben für Bäume, Engagement für die Natur und gegen die allgemeine Zerstörung.

Als Allheilmittel galt meiner Hebamme ein Glas lauwarmes Wasser mit einem Löffel reinen Bienenhonig und einem Spritzer Obstessig. Ich trinke das, wenn ich Magen- oder Darmbeschwerden habe, und staune über die Wirkung – auf der Haut sichtbar.

So unangenehm ein Wespen- oder Bienenstich sein mag – wer nicht gerade allergisch darauf ist, profitiert, weil die körpereigene Cortisonproduktion durch den Stich angeregt wird.

Tee: Scheinbar nur zum Trinken da, hat der Tee doch in unseren Breiten weitgehend unentdeckte Heilkräfte. Augenentzündungen lindern Teebeutel, lauwarm auf die Augen gelegt. Tee wirkt keimtötend und stärkt die körpereigene Abwehr. Es ist sinnvoll, Tee von Kooperativen aus sogenannten Dritte-Welt-Läden zu kaufen, weil dieser Tee meistens nicht so stark mit Pestiziden belastet ist und du mit dem Kauf kleine Kooperativen unterstützt.

Knoblauch: Inzwischen hat sich der Knoblauch durch die Anwesenheit von türkischen, italienischen und orientalischen Menschen bei uns dankenswerterweise weitgehend durchgesetzt. Ich greife hier gern noch einmal die alte Weisheit auf, daß Knoblauch Vampire vertreibt. Das ist nämlich auch meine Erfahrung. Knoblauch hält lästige

Anmacher auf Abstand, vertreibt Darmträgheit und Verdauungsstörungen, entgiftet den Körper, reinigt das Blut, stärkt die körpereigene Abwehrkraft und schmeckt wunderbar. Knoblauch, in ein Leinensäckchen gehüllt und in die Vagina eingeführt, richtet die Schleimhaut dort wieder her (was Joghurt übrigens auch kann), vertreibt Pilze und Keime. Grundsätzlich ist allerdings zu sagen, daß ein nicht gewollter Geschlechtsverkehr, den du geschehen läßt, weil du nicht den Mut hast, nein zu sagen, von Knoblauch nicht rückgängig gemacht werden kann, wenn auch der Knoblauch die Folgen etwas lindert. Die Schleimhaut der Vagina ist nämlich ehrlicher als die meisten Frauenköpfe.

Kartoffeln: Abgesehen davon, daß sie viele wichtige Wirkstoffe bringen, wenn wir sie essen, wirken sie als Umschlag auf der Haut (gekocht und zermatscht) entzündungshemmend und entgiftend. Gelegentlich (nicht zuviel, nicht zu oft) das Kartoffelwasser von geriebenen Kartoffeln zu trinken, stärkt die Abwehrkräfte. Hier gilt, wie so oft und wie auch beim heilsamen Kartoffel/Getreideschnaps (Wodka): Zuviel tötet, in Maßen heilt's!

Pfefferminzöl: Meine Mutter bezieht es bei einer Zigeunerin und setzt es gegen alle Widrigkeiten von der Verbrennung bis zum Migräneanfall, von der Entzündung bis zur körperlichen Schlappheit ein. Mit diesem Öl werden Entzündungen der Haut im Keim aufgelöst, und wenn es auch brennt und die Haut sich rötet, ist es durchaus wohltuend, kühlend, heilend in der Wirkung. Nicht jede Rötung und Reaktion der Haut ist übrigens eine allergische. Wenn die Haut krebsrot wird, heißt das meistens nur, daß sie bestens durchblutet ist und ihre Funktion als Schutzhülle wahrnimmt. Das heißt aber auch nicht, daß es keine Allergien auf Pfefferminzöl gibt.

Stroh: Dieses Heilmittel ist uralt und wurde früher als solches gar nicht wahrgenommen. Die Betten bestanden aus Strohsäcken, auf die der müde Körper gebettet wurde. Und Stroh schützt den Körper in der Tat vor den unerwünschten Strahlen der unterirdischen Wasseradern und vor Erdstrahlen. Ich habe die Erfahrung gemacht, daß Stroh auch nervöse Spannungen günstig beeinflußt und allzuviel elektrische Spannungen durch Leitungen und Geräte abfängt. Ich schlafe abwechselnd auf einer Reisstrohmatte (Tatami), einer Roßhaarmatraze und einem Strohsack. Ein Strohpolster, mit dickem Leinen umhüllt, vertreibt das Kopfweh.

Zwiebel: Die Zwiebel ist, wie fast alle Frauen wissen, ein altes Hausmittel gegen Fieber. Feingeschnitten oder gestampft wird sie in ein warmes Leintuch gehüllt und zum Beispiel auf die Ohren gelegt, wo sie die Entzündung herauszieht. Auch auf dem Hals, auf der Brust und bei eitrigen Entzündungen und Furunkeln gibt sie Linderung. Sie stärkt die Schleimhäute und die Zähne, weshalb es gut ist, viel Zwiebeln zu essen. Wenn ein Splitter oder sonst ein Fremdkörper im Auge ist, bringst du es am besten mit Zwiebelschneiden zum Tränen, damit der Fremdkörper ausgeschwemmt werden kann.

Essig: Morgens ein paar Spritzer ins kalte Waschwasser beleben die Haut unglaublich. Essig, mit Quark und etwas Honig zu einer Gesichtsmaske verrührt, beseitigt tatsächlich einige Falten, das Wichtigste aber ist, daß es die Haut frisch und blühend macht. Wenn du mal ganz toll aussehen willst, legst du dich zwanzig Minuten mit so einer Gesichtsmaske flach, wäschst das Ganze kalt ab und kennst deine Haut nicht wieder. (Die Kosmetikindustrie hat anscheinend die Wirkung von Essig auf Falten jetzt auch entdeckt, und es wird nicht lange dauern, bis die ersten schweineteuren Produkte auf dem Markt erscheinen. Denk daran, daß dich eine Flasche biologisch sauberer Obstessig im Kräuterladen ungefähr fünf Mark kostet. Der Vorteil ist, daß du damit auch deinen Salat anmachen kannst, mit der Kosmetikpampe jedoch nicht!)

Heilerde/Erde: Wie schon im Kapitel über die vier Elemente beschrieben, gibt es für die Haut nichts Besseres als gelegentlich ein Schlammbad. Warum, glaubst du wohl, suhlen sich die Schweine im Dreck und die Hühner im Staub? Weil die Erde das Ungeziefer aus dem Pelz holt. Erde und Lehm, auf die Haut aufgetragen, ziehen alte Partikel, Gift, Abfallstoffe des Körpers heraus, und wenn du es dann abwäschst, ist deine Haut weich wie Samt. Die Kosmetikindustrie hat das natürlich von den alten weisen Frauen und Hexen geklaut. Viele Präparate enthalten gereinigte Erde. Was soll's, ungereinigte tut's zumindest äußerlich auch. Wenn du Erde zum Entgiften essen willst, solltest du dich doch eher an die Luvos-Heilerde halten, denn dein Magen ist vielleicht nicht so ein „Saumagen" wie meiner, der auch die Erde aus dem oberbayerischen und schweizerischen Gebirge verträgt.

Quarzstaub/Steinmehl: Nachdem ich in irgendeiner kleinen Provinzzeitung im bayerischen Alpenland gelesen hatte, daß ein Ingenieur vom beinahe Glatzkopf zum dicht behaarten Bären wurde, nachdem er zwei Jahre in einem Quarzquetschwerk gearbeitet hatte, dehnte ich meine Liebe zu Steinen aus und habe sie heute zum Fressen gern, denn auch ich hatte einmal einen seltsamen, nicht erklärbaren Haarausfall, der in einer Streßsituation anfing und mich zunehmend beunruhigte. Ich suchte mir also einen Stein aus weichem Quarzsand, der sich gut abbröseln ließ, und zerrieb die Brösel in einem Steinmörser zu feinem Mehl. Davon leckte ich jeden Tag eine Zunge voll ab, was sich bestens bewährte. Bald fing ich an, auch Sandsteine zu zerreiben und kleine Prisen zu lecken. Ein Nebenprodukt dieses Experiments waren Rouge aus feinem Steinstaub und Puder aus einem beigen weichen Stein. Danach kamen Farbpigmente, die ich aus Steinen gewann, mit Kasein anrührte und manchmal in Gedanken versunken von den Fingern leckte. Steinöl ist ein altes Hausmittel gegen unreine oder kranke Haut. Wenn du also Steine liebst: Experimentiere, befreunde dich!

Hefe: Als meine Tochter die schlimmsten Hautausschläge hatte, kam meine Mutter eines Tages mit Bierhefe an. Sie ist mit einem Bierbrauer befreundet, der ihr erzählte, daß er jedes Problem mit Bierhefe löse. Jeden Morgen einen Teelöffel voll Bierhefe ließ die Haut wunderbar abheilen, die Haare wurden dicht und kräftig, und das ganze Kind strotzte vor Gesundheit. Dazu hatte allerdings auch nicht zu knapp Olivenöl beigetragen.

Olivenöl: Als Badezusatz, als Fettgrundlage einer selbstgemachten Hautcreme, als Speiseöl ist es uns unersetzlich. Wichtig ist dabei nur, daß „natives", also ganz reines Öl verwendet wird, daß es kaltgepreßt und nicht mit „Sanso" gemischt ist. Olivenöl scheint sich mit menschlicher Haut wirklich am besten zu vertragen. Bei akuten Ausschlägen oder trockener, angegriffener Haut mische ich ein Fläschchen Olivenöl mit ein paar Tropfen Rosmarinöl (essentielles naturreines Öl) und behandle die Haut damit (liebevolle ausgiebige Massagen). Olivenöl mit Eigelb, Heilerde oder Quark und etwas Honig ist die ideale Packung für Haut und Haare. Antrocknen lassen und lauwarm abspülen. Nicht nachfetten! Grundsätzlich sollte Fett auf der Haut eine Ausnahme sein. Wenn von außen zuviel zugeführt wird, verliert die Haut die Fähigkeit, eine eigene Fettschutzschicht zu produzieren – mit fatalen Folgen für Haut und Abwehrsystem. Die Haut hat eine wichtige Schutz- und Abwehrfunktion für den ganzen Körper und darf nicht aus kosmetischen Gründen in dieser Arbeit gestört werden. Wird sie natürlich trotzdem. Also ab und zu eine Erholungspause einlegen und nach einer Ölpackung nichts, aber auch gar nichts auf die Haut schmieren.

Milchprodukte: Das Land, in dem Milch und Honig flossen, kannte wohl keine Hautprobleme. Milch, Quark und Joghurt, Buttermilch, Ziegenmilch, all das ist für die Haut wundervoller Balsam und Reinigung. Wer eine Milchallergie hat, muß natürlich erst einmal ausprobieren, ob äußerliche Berührung die Allergie ausbrechen läßt. Quarkpackungen entgiften den Körper und helfen ihm, zusammen mit Fieber, die Krankheit aus dem System zu lösen. Bronchialleiden, Husten, Halsweh, Bronchitis lassen sich mit Quarkauflagen auf der Brust günstig beeinflussen. Ich habe bemerkt, daß ich immer dann, wenn ich Heißhunger auf Milchprodukte habe, diese auch vertrage, selbst wenn sie für ein bestimmtes Problem nicht passend scheinen. Beispielsweise war ich schrecklich verschleimt, und das letzte, das mir irgend jemand geraten hätte, war Milch, weil die „ja noch mehr verschleimt". Ich trank Milch, legte Quark auf, und die Verschleimung ging zurück.

Grundsätzlich bin ich sowieso der Meinung, daß jede Person das, was sie im Moment am meisten spürt, probieren sollte und zu diesem Entschluß dann auch stehen kann, ohne sich irritieren zu lassen. Viele Allergien entstehen im Kopf, gefördert durch Umweltgifte. Unentschlossenheit, Angst, Streß, Unsicherheit, nicht gelebte Wut und Ärger befördern unter Umständen eine Allergie mehr als die allergieauslösende Substanz. Ein Bad mit einem Zusatz von einem Liter Milch oder Buttermilch (ich nehme immer die Milch, die mir sauer geworden ist) tut Wunder auf der Haut. Danach nicht eincremen! Bei allen Produkten, die von Tieren kommen, sollte mit der Benutzung der Substanz auch eine Freundschaft zu dem entsprechenden Wesen hergestellt werden. Kühe sind wundervolle Urviecher. Wer einmal eine Vollmondnacht an eine Kuh gelehnt auf der Weide verbracht hat, weiß, wie wohltuend die Ruhe einer Kuh überspringen kann auf uns streßgeplagte, „zivilisierte" Wesen.

Kürbis: Diese fette gelbe Erdsonne, die den ganzen Sommer Kraft tankt, um uns dann all ihre wunderbaren Gaben auszuschütten, ist nicht hoch genug einzuschätzen, wenn du dich auf dem Weg zur schmutzigen Frau befindest. Kürbiskerne stärken das Immunsystem wie kaum andere Substanzen. Kürbiskernöl ist die Königin der Öle schlechthin (sehr selten, sehr teuer). Ich nehme Kernöl, wie es im Handel heißt, in homöopathischer Dosis und bin Judith und Hias für eine entsprechende Kernölgabe herzlich dankbar. Im Herbst reichlich Kürbissuppe und Kürbisauflauf und das ganze Jahr über sparsam und feierlich Kernöl und Kürbiskerne halten den Organismus in übermütiger Stimmung. Da kommen Allergien gar nicht so recht auf – bei mir jedenfalls nicht mehr.

Salz: Auch das hundsgemeine und normale Salz soll hier nicht vergessen werden, weil es dem Körper so notwendig ist. In Salzwasser zu baden tut besonders Neurodermitis-geschädigter Haut gut. Entzündungen und Fäulnisprozesse im Mund können schon im Ansatz durch Salzwasserspülen und -gurgeln bereinigt werden. Das Salzwassergurgeln verdanke ich meiner Mutter. Es ist zwar am Morgen ein ekelhaftes Gefühl, wenn Salzwasser in die Kehle rinnt, aber nichts hält Erkältungen besser auf als Salzwasser. Je stärker, je widerlicher und damit besser! Salzwasserdampf bei Erkältung lindert Husten und Schnupfen. Aber natürlich ist das Lustvollste, wenn's möglich, ein Aufenthalt am Meer. Die salzige Luft wirkt Wunder auf Abwehrkräfte, Haut und Sinne. Auch die Salinen (in Bad Reichenhall beispielsweise), wo im Salzdampf herumgegeistert wird, sind zu empfehlen.

Mein persönliches Allheilmittel ist die *Asche.* Nachdem meine afrikanische Priesterin/Lehrerin mir das Ascheessen beigebracht hatte, habe ich es zur wahren

Kunst verfeinert. Ich bereite für die verschiedensten Zipperlein feinste Asche zu: Rosmarin- und Salbeiasche bei Erkältungen und schlechter Abwehrkraft; Erlen-, Eichen- oder Buchenasche bei Magen- oder Darmverstimmung oder schlechter Verdauung, Blähungen und dergleichen; Wacholderasche zum Zähneputzen (beseitigt Fäulnisprozesse und macht schöne weiße Zähne, schmeckt widerlich). Zweimal im Jahr reibe ich den ganzen Körper mit Asche ein und tanze, bis sie total verschmiert. Einmal im Jahr putze ich den Holzboden mit Asche, was ihn desinfiziert. Ich liebte schon als Kind die Märchen, wo die Dummen in der Asche wühlen. Es hat mich seither nicht losgelassen. Warum sind die Aschenputtels und Halvors dieser Welt magisch begabte Wesen, denen die Wunder nur so zufliegen? Heute weiß ich es. Probier es selber aus! Achte nur darauf, daß du nicht die Asche von Zeitungen oder Kartons mitißt. Verbrenne in einer Schale oder im Ofen dünne Zweige und nimm nur diese Asche!

Meine bevorzugten *Heilkräuter* sind: Brennessel (ich lasse mich im Frühjahr überall von ihnen brennen, was mein Immunsystem mit mehreren inneren Juchzern beantwortet; ich trinke das ganze Jahr über Brennesseltee aus selbstgepflückten Blättern, auch Taubnesseln, deren Blüten ich im Frühjahr stiebitze; und Brennesselsud gehört in meinen Frühjahrsputz). Wacholderbeeren (ich esse im Winter täglich drei Stück zur Magen- und Darmentgiftung und pflücke sie im Herbst selbst). Rosmarin, Thymian und Salbei (habe ich im Garten, ich esse ihre Blätter frisch vom Stengel oder mache mir Tees damit; sie reinigen, desinfizieren und beleben den Körper; Salbei geräuchert reinigt das Haus, Thymian, stark angesetzt, vertreibt Hals- und Erkältungskrankheiten).

Das sind die Helferwesen, die mir persönlich beistehen, die ich hege und achte, mit denen ich mich umgebe, auch wenn mir nichts fehlt. Die Natur gibt uns so überschäumend viele Substanzen, daß es mir verrückt erscheint, in einen Laden zu gehen und etwas zu kaufen, das sich irgendein Fuzzi in einem Labor ausgedacht und wofür er wahrscheinlich auch noch viele Tiere gequält hat.

Natürlich gilt grundsätzlich bei jeder akuten Allergie, Neurodermitis oder Windeldermatitis, daß du den Weg einschlägst, der dir im Augenblick als „einzig mögliche Lösung" erscheint. Frauen, die sich an Cortison und harte Medikamente gewöhnt haben, werden mit den natürlichen Substanzen vielleicht auch nicht sofort Linderung verspüren. Aber wenn die akuten Symptome abgeklungen sind, gibt es keinen Grund, warum du nicht mit Erde, Quark, Essig, Öl, Asche und Harz, Honig und Milch herumsauen könntest.

Ein kleines Geheimrezept von mir zum Schluß: Hautverletzungen sprechen rasant auf Urin an. Ich nehme zu meiner Ölmischung, wenn ich akute Hautentzündungen habe, etwas Morgenurin dazu oder pisse über eine Wunde, wenn das technisch ohne akrobatische Fähigkeiten, die ich nicht habe, möglich ist. Die Heilurinproduktion läßt sich durch entsprechende Tees verfeinern. Der Phantasie sind hier wirklich keine Grenzen gesetzt!

Hilfe aus der Natur durch die Jahreszeiten:

Im Frühjahr eine Bärlauchkur. Bärlauch wächst an nassen, halbschattigen Hängen, riecht wie Knoblauch oder Schnittlauch. Den Test machen, indem du ein Blatt zwischen den Fingern zerreibst. Wichtig! Weil Bärlauch leicht mit Maiglöckchenblättern verwechselt wird. Bärlauchzeit: Ende März/April.

Im Sommer Zinnkraut/Schachtelhalm. Nur den am Wegrand für innere Anwendungen nehmen, nicht etwa den Sumpfschachtelhalm, der sich aber glänzend (im wahrsten Sinn des Wortes) für Glasreinigung und Hausputz eignet. Schachtelhalm entwässert und reinigt den ganzen Organismus.

Im Herbst eine Walnußkur. Ein Bad aus Blättern und den grünen Schalen der Nüsse für die Haut. Blättertee wirkt harntreibend und desinfizierend, reinigt auch von innen heraus die Haut. Und dann täglich eine Nuß fürs Hirn.

Im Winter Salbei und Rosmarin. Als Tee, zum Räuchern oder als Asche. Gelegentlich könntest du Spaziergänge machen und noch rote, nicht erfrorene *Hagebutten* in den Mund stecken. Schluck alles hinunter, die Kerne putzen den Darm aus, und die Hagebutte versorgt dich mit Vitamin C und vielen Mineralstoffen. (Bis ins Frühjahr genießbar, nur die noch roten Beeren nehmen, die können ruhig etwas angeschrumpelt sein.)

DIE ALTE DÄMONIN

Das Wort „Dämonin" hat einen unheilvollen, furchterregenden Klang. Ich liebe es, weil es daran erinnert, daß es Kräfte gibt, die von der patriarchalen Religionsdisziplinierung nicht erfaßt wurden, die nicht kontrollierbar, nicht benutzbar sind. Jede monotheistische Religion hat ihre Wurzeln in einer alten Urreligion, beim tibetischen Buddhismus ist es die Bön-Tradition, bei uns sind es die „heidnischen Kulte" der Germanen und Kelten, in Amerika sind es die vielen Nationen der UreinwohnerInnen mit ihren religiösen Traditionen, in Afrika sind es Voodoo und andere Urtraditionen, die sich jahrtausendelang halten konnten, bis die neue Religion mit Feuer, Schwert und Kanonen verordnet wurde.

Alle diese alten Traditionen kennen die wilden, ungezähmten, unkontrollierbaren, zornvollen Dämoninnen und Urgöttinnen, die notwendig sind, um eine Gemeinschaft immer wieder zu erneuern. Diese Urfrauen sind heute unsere Schutzmatronen (mit dem Ausdruck „Schutzpatronin" für Maria gesteht die katholische Kirche ihr ja nicht einmal ihr Geschlecht zu). Von ihnen lernen wir, weil sie niemandem angehören, keiner Macht unterworfen, niemandem Rechenschaft schuldig sind. Sie sind freie Wesen im Universum und auch den Göttern nicht untertan. Sie sind die Matrix aller Frauen.

Allen Urtraditionen ist ein Phänomen gemeinsam: Sie kennen das Prinzip der Sünde nicht, sondern arbeiten mit Ursache und Wirkung. Was du tust, kommt zu dir zurück. Verfluchst du jemanden, so bleibt dieser Fluch durch ein unsichtbares Band mit dir verbunden. Wenn du liebst, heilst, eingreifst, wünschst, bleibst du verbunden mit dem Wesen, das darin verwickelt ist. Wenn du die Luft, das Wasser, die Erde vergiftest, schadest du dir irgendwann auch selbst. Wenn du in einer Welt leben mußt, in der das geschieht, erleidest auch du Schaden, obwohl du vielleicht gar nicht an der Vergiftung beteiligt bist. Jedes Tun und Nicht-Tun provoziert eine Wirkung. Die alten weisen Frauen und Magierinnen wußten um die Wirkung ihres Tuns und Nicht-Tuns. Sie verbündeten sich mit den Urahninnen dieser Erde, um zu ihrer vollen Kraft zu finden.

Hel war eine dieser alten Göttinnen, Hüterin der Unterwelt, des Totenreichs, das wie sie Hel heißt. Sterben heißt in der „Edda", der altnordischen Sage, „zur Hel gehen", und heute sagen wir, „fahr zur Hölle", und das heißt im Grunde das gleiche. Halb schwarz, halb bleich ist sie, ganz und gar unbestechlich. Wer stirbt, landet in ihren Hallen.

Cerridwen ist die keltische Göttin des Kessels und menschenfressende Sau (als Säue materialisierten sich auch Astarte, Demeter und die germanische Freya). Cerridwen schenkt uns magische Inspiration und Wahrheit.

Kali, die hinduistische Göttin der Geburt und des Todes, trat aus der Urmuttergöttin Durga heraus, um die Dämonen zu bekämpfen, mit denen die Götter nicht mehr fertig wurden. Später wurde Kali zum Problem, weil auch die Götter sie nicht stoppen konnten. Kali ist eine Göttin, die in unsere Zeit der Atomkraftwerke, der Kernwaffen, der zunehmenden Zerstörung der Erde durch Technik paßt. Kali wird mit allen Dämonen fertig, kein Problem.

Baba Jaga gehört auch zu den wilden, ungezähmten Kräften. Ich habe in „Zaubergarn" über sie geschrieben. Hier nur soviel: Sie lebt im Wald und repräsentiert unsere wilden, unverletzten, unverletzbaren Kräfte. Das Wissen um Leben und Tod gibt ihr unendliche Macht, sie überschreitet die Schwelle, wie sie will. Ihr Tier ist das Huhn, und in einem Haus auf einem Hühnersporn lebt sie. Sie kann Wünsche erfüllen, aber wer sie bittet, muß mutig, lust-ig und beherzt sein.

Baubo, die mythische Schweinehüterin, löste die Göttin Demeter aus ihrer Trauerstarre um Persephone, die in die Unterwelt entführt war, indem sie, auf einer Sau reitend, ihr Geschlecht entblößte und Demeter an die Macht der Frauen erinnerte. Diese Geste, nämlich die Lippen der Vagina auseinanderzuziehen, gilt als Baubo-Geste, und jede Darstellung einer solchen Vagina mit Kopf und Händen wird kurz Baubo genannt. An vielen romanischen Kirchen finden sich solche Baubos, und da diese Geste einst Demeter zum Lachen brachte, nehme ich an, daß sie auch uns noch Vergnügen verspricht. Es gibt diese Baubo-Geschichten übrigens auch bei den amerikanischen UreinwohnerInnen und bei den TibeterInnen.

Gorgo wird oft in Zusammenhang mit Baubo genannt, und auch Gorgo ist eine unserer wilden Urmütter. Sie gehörte niemandem. Wer sie anschaute (Männer!), versteinerte. Sie lebte mit ihren Gorgonenschwestern, drei an der Zahl, am Weltenfluß jenseits der Zeit, und es heißt, daß sie aus Afrika kamen, woher übrigens ursprünglich auch die Madonna stammt, denn sie wird oft schwarz dargestellt, vor allem in frühen Bildern und Figuren. Ich habe das Sternbild „Orion" umgetauft in „das Boot der Gorgonenschwestern", wobei die drei Mittelsterne die drei Schwestern sind, und der Stern, der Orions Keule war, ist mir das Ruder. Die Gorgonenschwestern befinden sich in wohliger Nähe zu den Hyaden und den Pleiaden.

Lilith darf in der Auswahl der starken Urfrauen natürlich auch nicht fehlen, die Göttin, die Adam an die Luft setzte, wie ich es sehe. Lilith ist die Königin der Nacht, die Schutzgöttin aller freien, starken, mutigen Frauen, die nur sich selbst gehören und sich nicht unterdrücken lassen – oder auf dem Weg dorthin sind. Ich habe in „Mond Tanz Magie" viel über sie geschrieben und will hier nicht allzu viel davon wiederholen, nur ein paar Kleinigkeiten vielleicht noch: Du rufst sie mit „lilili" und „lülülü", mit sanften und wilden Tönen, mit wilder Lust im Herzen und nachts! Sie ist zudem die Mutter aller Flüche. Sie ist der schwarze Nachtvogel, die Begleiterin aller Träume und Alpträume.

Banshee, die irisch-keltische Göttin: Hebamme-in-den-Tod. Ihr Name bean-sidhe in der gälischen Sprache heißt „die Frau von den Feenhügeln", und diese Hügel sind ja alte Keltengräber. Der nächtliche Schrei der Banshee wird überall in gälischen Gegenden gefürchtet. Sie ist die alte Großmutter, die ihre Kinder zum Sterben ruft – für Menschen, die das Sterben fürchten, ist das grausam. In Wirklichkeit ist es notwendige Erneuerung und Wiederkehr. In der Bretagne ist sie die Bandrhude und die Mutter aller Druiden und Möchtegerndruiden. Es heißt in vielen Sagen: Wer die Banshee nicht fürchtet, sondern als Weise Alte zwischen Leben und Tod ehrt, kann von ihr viele Geheimnisse erfahren, die das Leben lebenswert und das Sterben glücklich machen.

Ereshkigal ist die Unterweltschwester der Innana im heutigen Irak. Sie lebt in der Unterwelt, hütet die Toten, ruft die Sterbenden, richtet über die Lebenden und gebietet über die Jahreszeiten, wie so viele andere Todesgöttinnen. Sie läßt alles verdorren und nach angemessener Zeit wieder erblühen. Sie war eine wichtige Verbündete für uns in der Zeit des Golfkriegs, denn wie so viele andere Göttinnen (Anat, Al-Lath, die zu Allah wurde, Kore, die Mutter Mohammeds und der Koreshiten, Innana, Ishtar, um nur einige zu nennen) wacht sie über das Gebiet, das soviel Erdöl birgt und deshalb so umkämpft ist.

Die weiblichen *Mahakalas* aus dem vorbuddhistischen Tibet der Bön-Tradition gehören auch zu diesen Urfrauen, die später zu Dämoninnen wurden. Für alle Aspekte des Lebens und des Sterbens zuständig, verbünden sie sich, wenn sie Lust haben, mit Menschen, nützen oder schaden ihnen, ganz nach ihrem Maß. Einschmeicheln kann sich keine bei diesen Urkräften, die die Zyklen der Natur, Leben und Sterben und die Jahreszeiten bewachen. Aber kühn etwas von ihnen zu fordern oder zu bitten, kann gelingen.

Sedna lebt in der Tiefe der Nordmeere und ist die Hüterin aller Tiere, insbesondere der Meerestiere. Die Eskimo rufen sie an, wenn sie schlechte Jagdzeiten haben. In einem unterirdischen Kessel mitten auf dem Meeresgrund kocht sie alle Tiere der Welt und entläßt sie in die Oberwelt. Ein eisiger Steg führt zu ihr, wer darauf ausrutscht und stürzt, stirbt. Eine gemütliche Tante ist sie nicht. Du mußt versuchen, sie zu kämmen, das hat sie gern, denn sie ist wild und zerzaust, und ab und zu freut sie sich, wenn ihr all die Tiere aus dem Pelz und den Haaren gekämmt werden. Wer das fertigbringt, hat einen Wunsch frei. Dann heißt es wünschen können!

Über die *Percht* und die *Truden* habe ich schon viel geschrieben („Zaubergarn", „Mond Tanz Magie"), auch sie gehören hierher. Furchterregend, wild, immer auf der Schwelle zwischen Leben und Tod sind sie uns Begleiterinnen in Übertrittsritualen. Besonders verhaßt sind ihnen Ehefrauen, weinerliche Mädchen, gefügige Frauen, die sich quälen lassen. Die quälen sie dann auch. Die Truden setzen sich auf ihre Brust und drücken sie. Die Percht zerzaust ihnen die Wäsche, das Garn, macht die Milch sauer. Mit den allzu fleißigen Heimchen am Herd haben sie allesamt nichts im Sinn. Und wer in den Rauhnächten, den Zwölfern, wäscht, putzt oder bügelt, erregt ihren besonderen Zorn. Wenn du ihre Hilfe suchst, mußt du sie mit weißen Speisen aller Art füttern, und frag mich jetzt bitte nicht, mit welchen. Laß deine Phantasie spielen, das mögen sie. Stell das Essen vor die Tür oder in den Wald oder in den Garten. Und denk immer dran: Komm nicht erst, wenn du etwas willst.

Wenn du dich mit den wilden Urfrauen einläßt, mußt du zur richtigen Zeit am richtigen Ort sein, mußt wagemutig, un-verschämt, listig, lustig, frech und doch respektvoll, heiter, aber nicht albern, ernsthaft, aber nicht langweilig sein. Befreie dich zuerst einmal von all den Vorurteilen, die dir unsere Erziehung den Alten, Häßlichen, Streitlustigen gegenüber eingebleut hat. all diese Göttinnen und Dämoninnen spielen mit der Häßlichkeit, mit der Unordnung, dem Urchaos, der immer von neuem formbaren Masse von Informationen, Impulsen und Materialien. Nichts auf der Welt ist von Bestand. Warum solltest du sie nicht verändern und neu formen können? Vergiß deine Verzagtheit, deine Hoffnungslosigkeit, deine Resignation, wenn du dich mit diesen Dämoninnen und Göttinnen einläßt. Selbstmitleid und pathetische Dramatik können sie nicht leiden. Missionarischen Eifer noch weniger. Erst wenn du lustvoll nichts mehr willst, alles für möglich hältst und alles wagen willst, erscheinen sie. Aber dann...

DIE SAU RAUSLASSEN

So wie das „Unreine", das Schmutzige, Stinkende, Ekel-
hafte tabuisiert ist und in unserer Gesellschaft, die den
höchsten Putzmittelverbrauch der Welt hat, schlimmer
eingestuft wird als eine Rakete oder ein Kraftwerk, so
sind es folglich auch die schmutzigen Tiere, die uns mehr
erregen als die Autounfallstatistik oder das Ozonloch. Ich
habe noch nie eine Frau beim Lesen eines Artikels über
das Ozonloch aufschreien hören. Ich habe aber schon
genug Frauen und Männer gesehen, die beim Anblick
von Schnecken im Garten, von Insekten oder einer Ratte
bedenkenlos den Giftspiegel um eine weitere Ration
erhöhen, wobei sie unflätig schreien und schimpfen.

Warum ekeln wir uns vor bestimmten Tieren? Auch
wenn es ein Urinstinkt sein mag, daß Menschen vor
Ratten oder Mäusen auf Stühle springen und aufschrei-
en. Wir haben doch das Bewußtsein, das uns sagt: Das
ist immerhin nur ein kleines Tier, keine Weltkatastrophe.
Die Insektenhysterie ist überhaupt nicht zu erklären. Es
ist zwar nicht angenehm, von einem Insekt gestochen zu
werden, aber ist es nicht viel schlimmer, durch Insekten-
gifte Asthma oder Allergien lebenslänglich ertragen zu
müssen? Warum greifen wir so schnell und bereitwillig
zu all diesen Giften, die alles ausrotten, was wir nicht ertragen wollen? Die uns das Denken abnehmen und uns
vorschlagen, daß nicht Koexistenz, sondern Totalver-
nichtung, Endlösung gewissermaßen, angesagt ist?

In unserem Landkreis rieb eine Mutter im Sommer ihr
Kind mit Mückenschutz ein, bis das Kind tot umfiel. Ein

Bauer im Nachbardorf ging mit seinen kleinen Kindern regelmäßig Pestizide spritzen. Obwohl seine fünfjährige Tochter an einer Lebervergiftung starb, werden diese Gifte weiter in landwirtschaftlichen Supermärkten verkauft und auch benutzt. In diesen landwirtschaftlichen Supermärkten steht in den Giftregalen auf ca. zwei Quadratmetern soviel Gift, daß man einen ganzen Landkreis ausrotten könnte. Es wird fleißig gekauft und steht, sobald es angebrochen wurde, offen im Stall herum, für jedes Kind greifbar, für jeden Mißbrauch und Gebrauch bereit. Obwohl unsere Brunnen gefährlich hohe Nitrat- und Pestizidwerte aufweisen, gibt es immer noch kein Verbot für landwirtschaftliche Gifte. Sind die Ratten nicht eine Folge unserer total verkommenen Konsum- und Abfallpolitik? Sind die Schnecken und die Insekten, die uns plagen, nicht eine Folge von jahrelanger Vergiftung aller Kleintiere und Vögel? Wenn wir aufhören würden, ständig in den natürlichen Kreislauf einzugreifen, weniger Müll produzierten und den wenigen Müll dann verantwortungsvoller wiederverarbeiteten, hätten wir doch das Problem mit schädlichen Tieren gar nicht. Die Natur würde sich wieder selbst helfen, wie sie das vorher auch konnte, ehe der Mensch, das intelligenteste aller Geschöpfe, glaubte, ein paar Gesetze korrigieren zu müssen.

Die Tiere, die ich in diesem Kapitel beschreibe, sind durch den Menschen besonders gefährdet, weil sie auf die eine oder andere Art wenig an sich haben, das sie dem Menschen lieb macht.

Das *Schwein* sieht der Mensch am liebsten in Bratenform auf dem Tisch. Wie ich in diesem Buch mehrfach beschreibe, ist das Schwein ein altes heiliges Tier, dem viele Göttinnenkulte gewidmet waren. Wir kennen Schweine heute eigentlich nur noch in diesen tristen Massenställen, wo sie panisch schreien, sich gegenseitig totbeißen und schließlich massenhaft hingemetzelt werden, damit ein paar Leute noch fetter werden und ihr Blutdruck weiter steigen kann. Völlig zu recht war und ist es heute noch (bei Moslems und Juden) tabu: Das Schwein ist dem Menschen so ähnlich, daß es praktisch Kannibalismus ist, es zu essen. Es ist nicht etwa blöd, wie der Ausdruck „dumme Sau" suggeriert. Höchst intelligent, ist es sogar fähig, mit dem Menschen in Kommunikation zu treten, falls der entsprechend klug ist. Schweine können alle möglichen Kunststücke lernen und laufen gern. (In München gab es um die Jahrhundertwende Schweinerennen, für die Familien Schweine hielten, liebevoll betreuten und mit den Essensabfällen der Nachbarn fütterten.) Es verwundert nicht, daß Schweine mit Göttinnen in Verbindung gebracht werden. Schweine lieben lichte Wälder (die ersten Kultorte der Göttinnen waren Haine, also Wälder) und ernähren sich gern von Bucheckern und Eicheln, wozu sie heute reichlich wenig Gelegenheit bekommen. Die kleinen Kinder einer Familie mußten bis ins vorige Jahrhundert die Schweine im Wald hüten und am Abend wieder nach Hause bringen, was keine leichte Aufgabe war, denn Schweine sind schnell, und sie fordern ihren HüterInnen alles ab. Sie sind für Berührungen und Gespräche sehr empfänglich und außerordentlich zärtliche Tiere. Wenn sie ins Freie dürfen, stinken sie auch nicht. Schweinefleisch zu essen, unterwandert das Immunsystem des menschlichen Organismus. In vielen Kulturen repräsentiert das Schwein das mütterliche Urwissen und die Lebenskraft schlechthin (Indien, Neuguinea, Westafrika).

Die *Spinne* treibt vielen Frauen Gänsehaut über den Rücken. Den UreinwohnerInnen des US-amerikanischen Südwestens ist die Spinne die Schöpferin allen Lebens. Was sie spinnt, existiert. Spider Woman spinnt unser aller Leben. Spinnen sind intelligente und sehr nützliche Tiere. Sie halten unter anderem die Insektenmenge in einem erträglichen Maß. Sie wissen das Wetter im voraus, sind Einzelgängerinnen und sehr gute Mütter: Wenn die Brut alt genug ist, wird sie von der Spinnenmutter auf einen hohen Ast gelockt, von dort wirft sie ein Kleines nach dem anderen hinunter. Das gibt im Herbst, im Altweibersommer (*indian summer* – die NordamerikanerInnen gehen bei diesem Phänomen auf die UreinwohnerInnen zurück und wir auf die alten Frauen!) die langen Fäden, die in der Luft schweben. So lernen die Spinnenkinder, am eigenen Faden zu hängen. Und so können wir es von ihnen lernen. Warte nicht, bis dir jemand alle deine Qualitäten und Fähigkeiten bestätigt oder sie „entdeckt". Wirf dich in dein eigenes Netz!

Insekten (Fliegen, Mücken, Käfer und ähnliches). Wir sind so groß und intelligent, daß wir glauben, uns über die Kleinlebewesen erheben zu können, dabei verstehen wir noch nicht einmal die Bedeutung, die sie für die ökologische Balance haben. Sie sind wunderbarer Mittelpunkt von Meditationen: Ihr Leben unterscheidet sich nicht besonders von unserem. Oder was, denkst du, bleibt von dir, wenn du einmal tot bist? Mehr als von einer erschlagenen Mücke? Buddhisten und Hinduisten sehen in Insekten eine Mahnung, über das körperliche Leben hinaus den Geist, die Seele zu nähren und sich bewußt zu machen, wie kurzlebig und unwichtig wir alle, ohne Ausnahme, sind. Erst das Mitgefühl (*compassion* ist das bessere Wort, weil es leidenschaftliches Mitfühlen bedeutet) ändert unsere Existenz. Ich habe beobachtet, daß mich Mücken mehr stechen, wenn ich daran ausflippe, und weniger, wenn es mir egal ist. Daß Fliegen besonders lästig sind, wenn ich sie jage und erschlage, und geradezu unauffällig, wenn ich sie sein lasse. Viele Insekten haben für uns unhörbare Hilferufe. Erschlägst du eins von ihnen, kommen viele nach, um zu helfen. Meine

Lösung ist ein Moskitonetz. Seither habe ich mit Insekten aller Art keine Probleme. Und: Sie lehren mich Gelassenheit.

Ratten. Da wallen die Emotionen! Sind es nicht die Ratten, die die Pest übertrugen? Sind es nicht die Ratten, die in verkommenen Stadtvierteln den Bewohnern der Elendsquartiere das Leben schwer machen? Kaum ein Tier wurde emotional so besetzt wie die Ratte. Aber eins ist auch wahr: Die Ratten haben die Pest nicht erfunden, sondern übertragen. Ursache von Krankheiten, die durch Ratten verbreitet werden, ist und war immer schon der menschliche Müll. Unsere Unfähigkeit, Müll optimal zu verwerten bzw. gar nicht erst aufzuhäufen, ist eine Zeitbombe, die immer gefährlicher wird. Warum es auf die Ratten schieben? In Afrika gibt es Buschratten, die durchaus „süß" sind.

Ratten sind gescheit. Sie sind, das steht fest, schon länger auf der Welt als wir, und sie werden noch da sein, wenn der Mensch alles Leben auf der Erde durch radioaktive Strahlung ausgelöscht hat. Aber nicht vor den Atomingenieuren graust es uns, sondern vor der Tatsache, daß auf dem total verseuchten Bikini-Atoll, dem Schauplatz der Atomversuche der fünfziger Jahre, nur noch Ratten überleben. Ratten ähneln dem Menschen: Sie leben in Gesellschaft unter sachkundiger Führung. Wenn es ihnen zu eng wird, werden sie aggressiv. Desgleichen, wenn sie vergiftet werden und ihr Organismus mit Umweltgiften zurechtkommen muß. Droht Gefahr, dann stößt das Leittier hohe, für uns unhörbare Töne aus, und alle fliehen. Ich habe mit Ratten interessante Kommunikationsversuche gemacht. Auf tiefe, weiche Flötentöne sprachen sie stark an und kamen sogar nachts in meine Nähe. Als wegen der Abfälle der Gastwirtschaft zu viele kamen, gab ich ein Konzert mit hohen, schrillen, disharmonischen Tönen. Seither haben wir keine Ratten mehr. Es tut mir ein bißchen leid, aber sie konnten nicht bleiben.

Kröten. Während sie einerseits den meisten Menschen widerlich sind, gibt es doch viele Märchen und Mythen, in denen Kröten Fruchtbarkeit bringen. Der Krötenschleim soll mal giftig, mal bakterientötend wirken. Widerlich ist dieser Schleim den meisten Menschen auf jeden Fall. Kröten bringen Fruchtbarkeit und Reichtum. Wer Erdkröten ums Haus hat, kann sich glücklich schätzen. Auch Kröten halten die Insekten in Schach. In der Inquisitionszeit wurden Kröten mit Hexen in Verbindung gebracht und zu Zaubertieren erklärt. Sie erinnern uns daran, daß es den dunklen, feuchten, unergründlichen Schoß der Erde gibt. Sie lehren uns das bewegungslose Sein und das schnelle Zuschnappen.

Das *Huhn* ist auch eines jener mißverstandenen gequälten Tiere. Es hat nützlich zu sein. Weil es Eier legt und schließlich einen guten Braten abgibt, dulden wir es in unserer Nähe. Das Faszinierende am Huhn ist seine Fähigkeit, überall auf der Erde zu leben. Es gibt Hühner bei den Eskimo und in Westafrika, in Neuguinea und in Deutschland. Wenn Hühner sich nicht regelmäßig im Staub baden können, haben sie Ungeziefer, weshalb sie als unreine, unappetitliche Tiere gelten. Baba Jaga, die osteuropäische Großmutter-Göttin, unterhält sich mit einem Huhn, wenn sie wissen will, was läuft. In vielen Märchen sind Hühner die klugen Tiere, die der Heldin Ratschläge erteilen. Sie produzieren außerdem das Ei, das perfekte Universum, das magische Ganze. Vom Huhn können wir die Koordination vieler verschiedener Bewegungen lernen. (Versuch mal, wie ein Huhn zu gehen, zu picken und dazu auch noch Geräusche zu machen.)

Es wird Zeit, daß wir uns mit dem Unheimlichen vertraut machen, denn das Vertraute ist uns längst unheimlich geworden. Wenn wir aufhören, Tiere und Pflanzen wie Schädlinge zu behandeln und zu bekämpfen, haben wir eine gute Chance, nicht selbst wie Schädlinge von diesem Erdboden zu verschwinden.

SCHMUTZ, HAUT, HAAR IN MYTHEN
UND MÄRCHEN

Allerleihrauh, Bärnhäuter, Federkönig – da wird die Haut zur Identität. Allerleihrauh wird von ihrem Liebsten betrogen und wirft sich einen Mantel aus allen Fellen der Tiere um, wodurch sie sich tatsächlich verwandelt. Die Haut ist das Wesentliche. Auch Bärnhäuter hat mal mit einer Bärenhaut angefangen, bevor er zum wirklichen Bären wurde – oder vielmehr als Bär wahrgenommen wurde. Der Feenkönig hüllte sich in ein Kleid aus den Federn aller Vögel und wurde zum Vogelkönig, der die Sprache der Tiere versteht.

Die Haut als Wesen ist ein Urprinzip aller Stammeskulte. Das Fell, die Feder, die Haut, das Haar, das du besitzt, macht dich über dieses Lebewesen mächtig, gibt dir die Fähigkeit, mit dem entsprechenden Lebewesen zu kommunizieren, in „seine Haut zu schlüpfen". In dieser Haut möchte ich nicht stecken! Dann darfst du dich auch nicht damit verbinden oder verbünden. Halte sie dir vom Leib! Berührung ist Übertragung. Berührung ist schon Kommunikation. Die Zellen tauschen sich aus, ein Informationsfluß entsteht, und schon bist du ein Teil dessen, was dich berührt. Die Schlangenmenschen von Dahomey ließen sich von Schlangen immer wieder beißen, bis sie das Gift vertrugen. Einweihungsritual in die Schlangenkraft war aber auch das Anlegen der Haut. In der Schlangenhaut wird die Schlange mächtig. Auch die Leopardenmenschen in Ost- und Zentralafrika brauchen das Fell, um sich verwandeln zu können. Dann allerdings übernehmen sie die Identität der Leoparden so gründlich, daß

93

sie so schnell laufen und auch so töten können wie sie.

Skinwalker der Navajos sind Geister, die sich lebendige Menschen suchen, in deren Haut sie schlüpfen können. Wenn sie es (meistens bei Personen, die krank oder anfällig sind) geschafft haben, „unter die Haut" zu gehen, fühlt die entsprechende Person sich fremdbestimmt und „nicht mehr wohl in ihrer Haut" und fängt an, anderen zu schaden.

Um sich vor solchen Übergriffen von Geistern, wilden Tieren und böswilligen Menschen zu schützen, wurde seit Urzeiten die Haut bemalt, tatauiert, geritzt und geschmückt. Die Haut ist die Pforte ins Innere der Seele. Die Haut ist die Grenze, die Membran zwischen den Welten, der Übergang. Die Haut ist der empfindlichste Teil der Menschen und der sensibelste spirituelle Punkt. Haut, die nicht geschützt wird, läuft Gefahr, von der üblen Beeinflussung Fremder durchdrungen und erobert zu werden.

In der Vorstellung vieler Urvölker hat ein Mensch viele Häute. Die sichtbare körperliche Haut ist nur die dem Körper nächste Schicht. Nach außen folgen dann, wie die Schalen einer Zwiebel, viele spirituelle Häute, die den „Traumkörper" (australische Aborigines) bilden. Alles, was wohl und weh tut, kommt zuerst in der Traumhaut an. Wenn die spirituelle Abwehr schlecht ist – und sie ist schlecht, wenn der Mensch nicht durch Riten, spirituelle Einbindungen, glückliches Leben und liebevolle Mitmenschen geschützt ist –, sickert die angreifende Energie durch bis zur Körperhaut. Dort löst sie Reaktionen aus. Gänsehaut. Kälte. Hitze. Verdickung. Ausschlag. Ein Verbacken der Bindehaut. All diese Symptome eines Angriffs entstehen durch einen blitzschnellen Austausch zwischen Haut, Hirn und den Organen. Enzyme und Hormone flitzen hin und her. Botenstoffe tragen Informationen in Form von chemischen Zusammensetzungen, die wieder von Anlegestellen in den Körperzellen entschlüsselt werden.

Der spirituelle Schutz verhindert jede Art von Angst und Panikreaktion. „Ich bin geschützt", ist die Grunderkenntnis, das Körpersystem stellt sich darauf ein, reagiert gelassen, wehrt locker ab.

Tatauierungen werden heute noch zum Schutz ausgeführt. In Neuseeland bei den Maori beispielsweise, von denen auch das Wort „tatau" für „in die Haut gravieren" stammt. Neuguinea kennt Narbenritzungen zum Schmuck, aber auch zum Schutz, und auch in Afrika ist Narbenritzen üblich. Manche Schmucknarben kennzeichnen die Klanzugehörigkeit oder die Verbindung zu Schmieden oder Medizinleuten, die eine Sonderstellung in der Dorfgemeinschaft einnehmen. In letzterem Fall stellt die Narbe dann zugleich einen Schutz dar. Bemalt und geschmückt wird die Haut überall auf der Welt. Bei Begräbnisritualen in Afrika oder Asien wird die Haut oft mit Asche oder Kalk weiß gefärbt, da die Geister weiß (also leblos) sind und so die Lebenden für Geister halten und nicht angreifen. Der rote Punkt auf der Stirn vieler HinduistInnen soll von den Augen ablenken. Weil die Konzentration der Fremden auf den Punkt gelenkt wird, kann kein böswilliges Wesen durch die Augen in den Körper dringen.

Bemalung und Schmuck der Haut ist Identitätswechsel. Die Information der Außenhaut in fremder Musterung erreicht das Hirn, die Seele, und bewirkt dort eine Veränderung der Persönlichkeit. Wenn du schon einmal bemalt, geschmückt, mit Lehm oder Asche eingerieben getanzt hast, weißt du, wie mächtig diese Behandlung der Haut ist.

Abgesehen von der Wirkung nach innen gibt die Bemalung der Haut auch ein Signal nach außen und in die spirituellen Schichten des Universums. Du hast dich verwandelt, bist eine andere. Als solche wirst du zugleich Senderin und Empfängerin von Energiewellen, die sich auf diese neue äußere Erscheinung beziehen. Verwandelst du dich in eine Schlange, dann ziehst du die Schlangenmutter, die Urkraft aller Schlangen an. Reibst du dich mit Steinmehl ein, nimmt das Volk der Steine Kontakt zu dir auf. Was Einfluß auf deine Haut nimmt, verwandelt dich, tritt mit allen Organen, mit deinen Blutgefäßen und all den Elementen deines Körpers in Verbindung, verführt sie zur Zusammenarbeit. Während das mit den Giften in der Luft fatal ist, kann es mit anderen Mustern und Substanzen erleuchtend sein.

Ich habe mich als Kind oft gefragt, wieso die Schwester der sieben verzauberten Brüder sich nur mit Walnußsud die Haut schwärzen mußte, um nicht mehr erkannt zu werden. Ich konnte mir nicht vorstellen, daß meine Mutter mich nicht wiedererkennen würde, nur weil ich brauner bin. Tatsächlich findet ein Verwandlungsprozeß statt: Die Walnußblätter leihen der jungen Frau die Fähigkeit zu ver-wildern. Sie wird zur wilden Walnußfrau. Sie hat sich von der Zivilisation gelöst, verzichtet auf die feinen Kleider und ihre Privilegien und geht in den Wald, in die Wildnis – als Wilde.

Umgekehrt verlieren die wilden Frauen und Feen ihre Kraft, wenn ihre Haut geraubt wird. Oft schlüpfen sie in Märchen aus „ihrer häßlichen, vernarbten Haut" und sind dann wunderschön und jung, steigen ins Wasser und tummeln sich dort.

Irgendwelche vorwitzigen Männer schaffen es immer mal wieder, diese Feenhaut oder auch die hauchzarten Kleidungsstücke zu stehlen, und bringen so die Feen in ihre Macht. Was es bringt, wissen wir. Nichts nämlich. Weil die Kerle, sobald die glühende Liebe nachläßt, zwei wesentliche Bedingungen nicht beachten: kein schlechtes Wort, keine Gewalt. Im Gegensatz zu den Ehefrauen dieser Welt sind solche Feen im Nu auf und davon.

Haut ist Identität. In der Magie reicht ein Hautfetzen, ein Haar, ein Fingernagel, um die ganze Person „in der Hand" zu haben. Mächtige Schutz- und Schadenszaubertechniken brauchen nichts als Haut und Haar. Aber auch in Kriminallabors reicht mittlerweile ein Hautpartikel, um einen Täter zu identifizieren. Ein Haar mit Wurzel enthüllt noch nach Jahren die Drogengewohnheiten einer Person. Und in jeder einzelnen Hautzelle findet sich die ganze, wesentliche Information des Menschen.

Nicht nur die Haut ist Schutz und Identität. Auch der Schmutz, das Zerzauste und Verwirrte kann dazu werden. Um sich zu schützen, lassen sich viele Märchen- und Mythenheldinnen verwildern. Sie gehen durch das Chaos des Ungeordneten, um ihr Leben neu zu ordnen. Solange sie wild und zerstrubbelt sind, fallen sie nicht auf, und niemand belästigt sie. Wehe aber der verwilderten Frau, wenn sie sich nachts in einem Weiher wäscht, und ein dummerweise vorbeireitender Held entdeckt sie. In der Inquisition bedeutete es den Tod der Frau: Rendezvous mit dem Teufel, sündiges nächtliches Baden, Haare wild, ohne Haube! Im Märchen bedeutet es die Domestizierung. Denn sieht so einer die Schönheit der Frau (glaub mir, wilde Frauen sind rasend schön!), muß er sie „haben", „besitzen". Und ab geht's, ins Schloß, in die Ehegefangenschaft.

Aus den verwilderten Haaren der Waldfrauen, Feen, Dämoninnen und Göttinnen ersteht das Universum. Tiere und Pflanzen wachsen darauf, Läuse fallen ab und werden zu Reittieren, Hautschuppen verwandeln sich in liebliche Frauen.

Der Kamm, der das Haar bändigen soll, ist Mittel zur Verwandlung, aus ihm – vorausgesetzt, er wird hinterrücks geworfen – entstehen Brücken, Wälder, hohe Schlösser. Wo der Kamm landet, baut sich das erwünschte Hindernis auf. Wer kämmt, ordnet. Wer wilde Frauen kämmt, holt sich Kraft aus ihrer Ordnung.

Wer sich kämmen läßt und die Haare unter die Haube zwingt, ist unter der Haube, ist domestiziert. Wilde Haare ziehen wilde Geister und Dämoninnen an. Wilde Frauen können mit ihnen umgehen. Gezähmte nicht. Für die sind solche Geister fast genauso gefährlich wie für ihre Ehemänner und die Männer ihrer Umgebung.

Kein Problem für Hexen.

III.

TRAUMHAUT

ERSTE HILFE FÜR HAUT UND SEELE

Wenn ein Ekzem ausbricht, wenn Herpes blüht, wenn Pilze wuchern oder Bakterien zu räubern beginnen, ist es zu spät für die sanfte Vorsorge, die Gespräche mit Haut und Immunsystem, zu spät für kalte Güsse, lange Spaziergänge und Unterhaltungen mit Heilsubstanzen. Dann läuft die Zeit, Panik steigt auf, und das Hirn fordert Abhilfe. In einer akuten Krankheitsphase ist es vermutlich sehr schwer, mit alternativen Heilmethoden zu beginnen. Ich kann gut verstehen, wenn eine Frau verzweifelt zu Cortison oder antibiotischen Salben, zu scharfen Pilzvernichtern oder potenten Tabletten greift. Sprechen wir über diesen Zustand ohne Moral und ohne Forderungen: Tu, was du nicht lassen kannst, aber wenn du merkst, daß auch die größten Powermittel langfristig mehr schaden als nützen, wenn du innerlich bereit bist, deinem Körper subtilere, unspektakulärere Mittel anzubieten, dann kannst du vielleicht mit diesen Erste-Hilfe-Maßnahmen etwas anfangen, die nur ein Vorschlag sind und keine Garantie für sofortige Besserung.

Die Angst ist Haupthindernis auf dem Weg zu sanften Kuren. Die Angst läßt uns zum chemischen Hammer greifen. Angst, entstellt zu sein, Angst, nicht gesund zu werden oder gar zu sterben. Tröstlich ist hier vielleicht, daß die Chancen, sich die Haut total kaputtzumachen, mit der Schulmedizin viel größer sind als mit homöopathischen oder anderen sanften Heilmethoden.

Das beste Mittel gegen Angst und Panik ist *Atmen*. Erste-Hilfe-Methode bei Anfällen aller Art: flach hinlegen, tief atmen, beruhigende Gedanken aussenden, mit allen Körperzellen in Kontakt treten, das heißt Bereitschaft signalisieren, daß das Hirn kooperativ und zur Zusammenarbeit bereit ist. Die Phantasie kann alles auslösen und fast alles auch auf-lösen. Ein-Bildung, die Kraft, etwas zu bilden oder zu lösen, ist die größte Macht, die uns zur Verfügung oder im Weg steht, je nachdem.

Mit der Einbildungskraft arbeiten alle traditionellen Heilmethoden, alle schamanischen Heil-Reisen, alle Imaginationen. Einbildung ist dabei nicht negativ bewertet, sondern als gestalterische Möglichkeit, als formgebende oder -lösende Potenz eingesetzt. Jede Person hat diese Kraft. Wir nutzen sie meistens nur dazu, unsere Panik oder Todesangst zu schüren. Dadurch bekommen wir keine Luft, alles erstarrt in Schock, und dann hilft uns wirklich nur noch der Kuß der Pharmaindustrie.

Also: Alle engen Gürtel und Kleidungsteile lösen, flach hinlegen, eventuell eine warme Decke über Füße und Körper, und dann tief atmen, beim Ausatmen beruhigend brummen und in Kontakt gehen. Die Haut mit Gedanken zu streicheln, ist eine gute Möglichkeit, Juckreiz zu lindern, auch durch blaues Glas oder ein blaues Tuch zu schauen, kann helfen. Blau wirkt abschwellend und entzündungslindernd. (In Krankenhäusern werden die Schleusen vor den Zimmern der Infektionsabteilung mit blauem Licht desinfiziert.)

Jede Frau kennt ihre Anfälligkeiten, ihre Schwachpunkte, an denen sie verletzlich und damit anfällig für Krankheiten ist. Setz dich schon vor einem entsprechenden Krankheits-/Hautreizanfall mit Substanzen auseinander, die du als lindernd und heilend empfindest und die du im Notfall imaginieren kannst. Gesteh dir den Luxus zu, dich selbst zu heilen und dir selbst helfen zu können.

Notfalltropfen. Bach-Blüten-Tropfen sind ja mittlerweile verschreibungspflichtig, aber vielleicht kannst du dir auch selbst Notfalltropfen herstellen. Ich mache sie auf folgende Weise: Zuerst kläre ich, welche Pflanze mir zutiefst sympathisch und meinem Gefühl nach auch bereit ist, mir zu helfen. Wenn ich sie gefunden habe, lege ich eine Handvoll Blüten in Quell-/Mineralwasser ohne Kohlensäure und lasse sie so lange wie möglich in der Sonne und insgesamt vierundzwanzig Stunden in diesem Wasser liegen. Dann seihe ich das Wasser ab und gebe es in eine Medizinflasche, dazu gebe ich fünf Tropfen Wacholderschnaps und schüttele die Flasche gut durch. Jeden Tag schüttele ich die Flasche, indem ich sie auf den Handballen klopfe, zehn- bis dreißigmal. Diese persönlich zubereiteten Notfalltropfen sind eigentlich mein Allheilmittel. Mag die Schulmedizin behaupten, sie seien unwirksam. Ich weiß es aus Erfahrung besser.

Linderndes bei Ausschlägen und Allergien. Ich mische Olivenöl oder Yoyobaöl mit ein paar Tropfen Ginkgo-Tinktur und fünf Tropfen selbstdestilliertem Minzeöl, schüttele diese Mischung gut und trage sie auf frisch ausgebrochenen Hautausschlagsstellen auf. Ist die Haut abgeheilt, versuche ich, mit möglichst wenig Hautcreme auszukommen, und reinige die Haut nur mit kaltem Wasser, ohne Seife und Zusätze. Empfehlen kann ich auch Bienenkittharz und Melkfett für anfällige Haut. Bienenkittharz heilt besonders gut. Von Mischungen mit Honig rate ich bei akuten Entzündungen ab, weil Honig sehr brennt. Erst wenn die Haut nicht mehr offen ist, kannst du Honig dazumischen (es sei denn, du hältst das Brennen gut aus). Wenn deine Haut sehr empfindlich ist, solltest du bei der Olivenölmischung das Minzöl eventuell weglassen. Probier es erst auf einer nicht befallenen Hautstelle aus. Notfalls nimmst du nur Olivenöl, das sollte ganz rein, erste Pressung und natürlich kaltgepreßt sein.

Sand oder Erde gegen Pilzbefall der Haut. Reib die Haut mit trockener Erde, Sand oder Ton ab und wasche sie hinterher nicht. Denk daran, daß Hühner Staubbäder nehmen, um Ungeziefer und Pilzbefall abzuwehren. Du kannst notfalls auch Ton für Keramikarbeiten nehmen. Wenn du das nächstemal am Meer bist, nimm dir einen Beutel Sand mit und eventuell auch bunte Sandsteine, die du reiben kannst. Du findest solche Steine, die sich zu feinem Mehl zerreiben lassen, fast überall, auch in Wäldern und im Gebirge. Der feine Steinstaub, zwischen die Zehen gerieben, wirkt Wunder gegen Fußpilz. Nicht naß machen! Keine Kunststoffsocken oder -schuhe anziehen. Möglichst viel barfuß gehen, auch wenn die Füße etwas kühler werden. Das reguliert sich.

Fasten und Trinken. Wenn du akute Anfälle von Haut- oder sonstigen Krankheiten hast, kann dir helfen, sofort mit dem Essen aufzuhören und geradezu exzessiv zu trinken. Mir jedenfalls hilft das immer, sogar bei Rückenschmerzanfällen. Indem du dem Körper feste Nahrung entziehst, können sich auch Erreger oder Schmarotzer aller Art nicht halten. Wenn du dann bis zu fünf oder sechs Liter Flüssigkeit trinkst, schwemmst du bereits am zweiten Tag viele Gift- und Schadstoffe aus. Ich meine dieses Fasten übrigens nicht als kontrolliertes Heilfasten. Dazu brauchst du eine gewisse Überwachung durch eine Fachperson. Du kannst nach einem akuten Krankheitsanfall und dem darauffolgenden Fasten und Trinken schon am dritten oder vierten Tag wieder zu essen anfangen, wenn sich die Symptome legen. Du schaltest im Grunde nur die Versorgung des Körpers um, bringst buchstäblich alles ins Fließen und gibst dem Körper die Möglichkeit, all die Kraft, die er fürs Verdauen braucht, jetzt zur Abwehr irgendwelcher Eindringlinge zu verwenden und dabei Gifte auszuscheiden. Trinken solltest du dabei keine tierische Brühe und keine Obstsäfte, sondern Mineralwasser oder Kräutertees, idealerweise von Kräutern, die du selbst gepflückt und getrocknet hast. Es geht nicht nur um Heilmittel, sondern auch um Verbündete.

Heilgesang ist ein sehr mächtiges Notfallmittel, das allerdings eine gewisse Übung von dir fordert. Du wirst wohl kaum zu singen anfangen, wenn es dich überall juckt, wenn du nicht schon vorher durch Gesänge auf heilende Energien gekommen bist. Je besser du deinen Körper kennst, je vertrauter du mit deinen Gesängen und Imaginationen bist, um so wirksamer ist das Mittel des Gesangs. Erzeuge Töne, die tief in deinen Leib hinein vibrieren, und stell dir vor, wie sie auf der Haut Wellen bilden. Die Haut nimmt die Vibration des Klanges auf und verteilt sie auf alle Zellen zu einem kaum wahrnehmbaren heilsamen Schütteln, das die Zellen weckt, die Mitochondrien zu ihrer Arbeit an der Sauerstoffversorgung motiviert und damit verhindert, daß Zellen erobert und kolonisiert werden. Außerdem macht Singen und Summen großen Spaß. Du kannst auch mit den Lippen das Summen einer Biene nachahmen. Diese Art von Vibration ist sehr wirksam für die Aufmerksamkeit des Hirns, das dann entsprechende Impulse an den Körper weitergibt.

Wenn du in deiner eigenen Heilweise geübt bist, wirst du vielleicht deinen eigenen Heilgesang haben, den du immer singst, wenn du in Gefahr bist. Mit diesem Gesang, bei dem die Worte nicht so wichtig sind wie die von dir erfundene Abfolge von Lauten und Tönen, wird dein Körper auf Heilung eingestellt – je öfter du ihn singst, um so besser erinnert sich der Körper auch in akuten Notfallsituationen. Mit diesem Gesang rufst du deine Verbündeten, weckst alle deine Zellen, stellst die Kommunikation zwischen allen deinen Stoffen im Körper her und erzeugst höchste spirituelle Aufmerksamkeit. Schon die ersten Töne eines solchen Heilgesangs werden zum Signal für den Körper. Folge der Intuition, wenn du einmal im Heilsingen geübt bist. Ich habe beispielsweise festgestellt, daß bei einer Bronchitis durch den Heilgesang die Assoziation zu Räuchern auftauchte, was nicht gerade als geeignetes Mittel erscheint, eine bereits belastete Lunge zu heilen. Aber das Salbeiräuchern war tatsächlich genau das richtige Mittel und half in kurzer Zeit.

Medizin ist nichts, was du in der Apotheke kaufen kannst. Medizin ist ein Begleitwesen, das du immer in deiner Nähe hast. Eine Holzfigur, ein Stück Stoff, ein Teddybär, ein Kraut, ein Beutel mit irgendwelchem Inhalt – alles kann deine Medizin sein. Ich empfehle dir, bereits in Zeiten völliger Gesundheit deine Medizin zu suchen und herzurichten. Sie wirkt spirituell. Sie wirkt durch ihr Wesen auf deine wesentlichen Empfindungen. Sie gibt dir Heiterkeit, Sicherheit, Zuversicht, Mut, Lust. Eine wahre Medizin, von dir selbst gefunden und zusammengestellt, kann dir das Leben retten, obwohl sie vielleicht „nur" aus Staub und Steinen besteht.

Tanz. Es mag dir vielleicht verrückt erscheinen, Tanz als Erste-Hilfe-Mittel zu bezeichnen, aber Tanz entfaltet alle unsere Heilkräfte sofort und sehr wirksam. Während wir tanzen, löst der Körper die Anspannungen, gehen alle Teile unseres Körpers in Zwiegespräch, ja in Ekstase. Ich habe Tanzrituale in Westafrika gesehen, bei denen die schwerkranke Person, die bei uns womöglich in eine Intensivstation gesteckt worden wäre, tanzte, bis sie umfiel. Dann wurde sie auf den Boden gebettet, mit einem Tuch zugedeckt, und zwei, drei Frauen hielten bei ihr Wache. Am nächsten Tag war diese Person meistens wieder ganz gesund oder doch weitgehend von ihrem Leiden geheilt. Diese Erfahrung brachte mich zur vielleicht wichtigsten Erkenntnis auf dem Gebiet der Heilung: Es gibt kein Mittel, das gründlicher heilt und dabei bereits vorsorgt, als Lachen und Lust.

Handauflegen. Gerade bei Hautausschlägen ist oft Berührung unerträglich. Such dir schon in einer Zeit, in der dir nichts „fehlt", eine Person, deren Berührung du gut erträgst. Das älteste Mittel zur Linderung von Schmerz, Krankheit und Leiden ist das Auflegen der Hände, weil es Kraft weckt und auch heilende Kraft übertragen kann. Nicht jedeR HeilerIn kann es, aber viele Frauen, die sich nicht als Heilerinnen bezeichnen, haben wundervoll heilende Hände. Nur du selbst kannst entscheiden, wessen Hände dir guttun. Auch Steine auf befallene Körperstellen aufzulegen, ist wohltuend. Kristalle können Schmerzen und Juckreiz lindern. Feldsteine kühlen und heilen Ausschläge ab. Wenn du sie von der Haut fortnimmst, solltest du sie symbolisch mit dem Ausschlag beladen und sie später, ohne hinter dich zu schauen, über die Schulter fortwerfen.

Viele Frauen, die an Allergien oder Neurodermitis leiden, haben sich zu Selbsthilfegruppen zusammengeschlossen, in denen sie homöopathische Lösungen ihrer Hautprobleme suchen. Gerade die Haut spricht auf homöopathische Mittel und entsprechende sanfte Behandlung gut an. Ich würde nicht warten, bis der Schulmediziner die Absolution erteilt und – weil ihm nichts mehr einfällt – den Weg freimacht für alternative Heilwege. Es gibt in jeder Stadt Selbsthilfegruppen, und es gibt homöopathische Ratgeber (z.B. Ravi Roy und Carola Lage-Roy über „Neurodermitis", in homöopathischen Apotheken zu haben), die im Notfall weiterhelfen.

EINE KITZLIGE ANGELEGENHEIT

In meiner Kindheit wurde mir immer wieder die Geschichte von einem grausamen König erzählt, der eine seiner Gemahlinnen zu Tode kitzeln ließ, weil sie sich ihm nicht hingeben wollte. Und wer von einer kitzligen Angelegenheit spricht, meint nichts Lustiges, Lustvolles, sondern eigentlich eher etwas Kniffliges, Schwieriges.

„Ich habe PatientInnen, die sich nicht berühren lassen können. Die sind so kitzlig, daß sie bei jeder Berührung in wildes Gelächter ausbrechen", sagt Maria, die Physiotherapeutin, die mich behandelt.

Meine Tochter Walli läßt sich genüßlich die Fußsohlen und den Rücken kitzeln, während ihre Freundin bei der Berührung der Fußsohle an die Decke geht.

Wenn ich entspannt bin, kann ich jede Art zarter Berührung genießen, wenn ich aber im Streß bin, reicht oft schon eine Hand auf meinem Arm, um mich auf die Palme zu bringen.

Der Kitzelreflex scheint sowohl eine Wonneeinrichtung wie auch eine Abwehrmaßnahme der Haut zu sein. Übertriebenes Kitzligsein sehe ich wie einen spirituellen Hautinfarkt. Alles sträubt sich wie im Schock gegen eine Berührung von außen. Aber nicht mehr berührt werden können ist der Beginn einer autistischen Verkapselung der Haut. Besonders Frauen leiden darunter, daß die Haut sich minutiös erinnern kann, während das Bewußtsein das dazugehörige Ereignis verweigert. Jede Zelle speichert Lust- und Unlustgefühle bis ans Lebensende. Wird so eine Zelle durch Berührung aktiviert, erinnert sich der Körper wieder an erlittene Qual oder erlebte Lust. Entsprechend reagiert die Haut. Da wir viele traumatische Erlebnisse aber zu unserem Schutz in der Erinnerung verkapselt haben, läuft die Erinnerung der Haut ins Leere. Wir wissen nicht mehr, warum da jetzt ein wahnsinniger Kitzelreiz entsteht. Warum ein so starkes Gefühl ausbricht, daß hinter dem Lachen eigentlich Tränen und Schreie stehen.

Das Lachen ist ja auch so eine Reaktion, die oft bei Bedrohung und Unwohlgefühl eingesetzt wird. Ich deute es als Zeichen, das nach außen nicht bedrohlich wirkt und deshalb die Lachende schützt, die sich aufgrund einer Situation oder eines Gesprächs plötzlich in Gefahr weiß. Lachen verharmlost die Situation. Das Kitzligsein produziert Lachen, und alles bleibt harmlos und lustig. Nicht lustvoll. Denn hinter der Schwelle des kitzligen Lachens steht der verzweifelte Schrei der mißbrauchten Lust. Ich meine damit nicht unbedingt eine Vergewaltigung. Ich meine Übergriffe, die dich daran hindern, dich in deinem Körper lustvoll auszubreiten und dich dabei so gut zu fühlen, daß du sogar die Außenwelt, in Form von Berührung, von streichelnden Händen, mit in deinen lustvollen Kreis einbeziehen kannst. Wo nichts bedrohlich ist, weil du in deiner Lust so breit bist, daß dir viele Schutzhäute wachsen. Und nichts schützt gründlicher als rückhaltlose, vorsichtslose Lust. Die Energie fließt dabei von innen nach außen und nicht, wie bei einer unliebsamen Berührung, wie eine Implosion von außen nach innen.

Die Haut speichert jeden gewaltsamen Übergriff. Jede Grobheit. Jede frühkindliche Bedrängnis, jede sexuelle Ausbeutung, gleich in welchem Alter, in welcher Situation. Und während das Hirn gnädiges Vergessen praktiziert, rührt sich die Haut, die Hüterin deiner Innenwelt, und sagt dir: Halt! Laß das nicht zu! Da bist du mal verletzt worden. Erinnere dich. Da entsteht das kitzlige Gefühl. Es ist wie die andere Seite einer hauchdünnen Wand: Auf der einen Seite ist die Lust, das erotische Gefühl, die Hingabe, das lustvolle Aufgeben jeder Kontrolle. Auf der anderen Seite, in direkter Berührung ist die Abwehr, die vage Erinnerung. Kläre das zuerst.

Dieser Widerstand der Haut ist wichtig. Laß ihn nicht durchbrechen. Ich glaube, der erste Schritt ist, dir klarzumachen, *daß* du Widerstand leistest. Daß ungeachtet des lustigen, ekstatischen Lachens hier ein mächtiger Riegel zu deinem Schutz vorgeschoben wurde. Wer diesen Widerstand mit vernünftigen Argumenten zu brechen versucht, ahnt nichts von der komplexen Erinnerungsstruktur der Hautzellen. Erst bedingungsloses Vertrauen öffnet die Möglichkeit, Berührung wieder zuzulassen. Spannenderweise wird eine feste, ja grobe Berührung oft besser vertragen als eine sanfte. Gegen eine schmerzhafte Berührung kann ich Widerstand entwickeln, während das Infame eines sanften Übergriffs ja gerade ist, daß Sanftheit und Zärtlichkeit nicht angreifbar sind, auch wenn sie schmerzen.

Ich glaube, es gibt einen ähnlichen Reflex der Haut wie die Allergie, bei der das Immunsystem nicht mehr zwischen gefährlichen und wohltuenden Substanzen unterscheiden kann, weil es zu sehr verwirrt wurde – dieser Reflex ist eben das Kitzligsein. Jede Berührung, egal ob wohltuend oder unangenehm, wird durch den Kitzel abgewehrt. Auf die Dauer mit Unberührbarkeit zu leben, halte ich für unmöglich. Du überlebst es zwar, aber das „dicke Fell" schützt dich ja nicht nur, es erstickt dich auch langsam. Wo die Haut „dicht macht", spürst du vielleicht mit der Zeit nichts mehr – auch keinen Schmerz –, aber du verzichtest auch auf den lebendigen Austausch der Innen- und Außenwelt durch die Membran Haut. Und so wie es tödlich sein kann, die Haut mit einer luftdichten

Schicht zu versiegeln, so kann auch die Verdickung der Haut, die Unberührbarkeit, die Seele abwürgen.

Wenn du dir klargemacht hast, daß das extreme Kitzligsein eine Form von Widerstand ist, hast du schon den ersten Schritt gemacht. Es geht ja nicht darum, den Widerstand zu brechen, sondern zu wissen, daß es ihn gibt.

Eine gute Möglichkeit, damit umzugehen (wenn du keine Therapeutin, keine Masseurin kennst, zu der du volles Vertrauen hast), ist, dich selbst zu berühren. Wanderungen mit den Händen auf der Haut erschließen dir die Landkarte deiner Gefühle, das Buch deiner Erinnerungen.

SCHÜTZENDE EIHAUT

Schutz gehört sicher zu den ungelösten Problemen der meisten Frauen. Wie weit muß der Schutz gehen, vor wem soll ich mich wie schützen? Wenn ich mit Frauen „Schutz" bearbeite, stellen wir oft fest, daß die einfachsten Regeln nicht beachtet werden.

Grundsätzlich hast du das Recht, dich gegen alles und jedeN zu schützen. Du selbst entscheidest, wieviel und wen du wann an dich herankommen läßt, wen du „unter die Haut", was du in dein System einsickern läßt. Daß du dir die meiste Zeit gar nicht darüber klar bist, daß du Menschen und Ereignisse ungefiltert, ungeprüft in dich aufsaugst, heißt noch lange nicht, daß du es nicht tust. Übergriffe aller Art sowohl von Männern als auch von Frauen sind an der Tagesordnung. Diese Übergriffe drücken sich nicht nur in gewalttätiger Form aus. Da sind sie halt am klarsten zu entlarven. Schwieriger sind die Psychosumpfpflanzen, die sich ansiedeln, weil du es nicht verhinderst.

Klarheit ist der erste Schritt. Warum fühle ich mich so schlecht, so mies gelaunt, so schwach, so angegriffen? Wo hat dieses Gefühl seinen Ursprung? Seit wann bin ich in dieser Stimmung? Ich will nicht, daß du mich besuchst! Du verletzt mich mit diesem Satz! Ich steh' dir nicht immer zur Verfügung! Nein, ich mach' das nicht für dich! Ich lasse deine Sticheleien und Gemeinheiten nicht unter meine Haut! Ich halte sie nicht fest! Sie sagen mehr über dich als über mich, nimm sie zurück!

Schutz heißt einerseits Abwehr von Worten und Taten,

die du nicht willst, und es bleibt deine Entscheidung, auch wenn andere moralische Vorhaltungen machen. Schutz heißt aber auch, durchlässig zu sein, nicht alles festzuhalten. Lernen wir's von den Müttern: Das geht mir hier rein (deutet auf das eine Ohr) und hier raus (deutet auf das andere Ohr). Was du nicht festhältst, kann eineR bei dir nicht ansäen.

Manchmal ist es auch gut, eine entsprechende Handbewegung zu machen, um etwas zurückzuweisen. Die Handfläche gegen die Person gerichtet, die dich beleidigt oder dir etwas „an den Kopf wirft", verhindert, daß die Ladung bei dir landet. Die Handfläche gegen eineN AngreiferIn heißt: Nimm es zurück! Zurück an AbsenderIn!

Wichtig finde ich auch die Übung, die dir hilft, eine spirituelle Schutzhaut zu bilden:

Eihaut. Stell dich mit etwa hüftbreit auseinandergestellten Füßen, schließ die Augen, atme tief ein und gründlich aus. Stell dir jetzt vor, daß sich um deinen Körper eine Haut bildet, in einiger Entfernung von deiner körperlichen Haut. Diese Eihaut, wie ich sie nenne, ist eine Schutzschicht, die du, wenn du dich krank, schwach, angegriffen fühlst, immer wieder erneuern solltest. Visualisiere die Eihaut um den ganzen Körper. Stell sie dir in einer Substanz vor, die dir Schutz und Durchlässigkeit bietet. Wenn du sie ganz spüren kannst, taste sie mit deinen Handflächen innen ab. Streiche sie aus, dehne sie, berühre sie von innen und stell dir vor, wie aus deiner Handfläche Energie fließt, die diese Eihaut von innen stärkt.

Dann stellst du dich wieder aufrecht hin, stellst dir beim Einatmen vor, daß sich flüssige, farbige Energie in deinem Bauch sammelt, und beim Ausatmen läßt du diese Energie aus dem Bauch, durch die Wirbelsäule hoch und wie eine Fontäne aus dem Scheitel strömen.

Dieses farbige Licht – du wählst eine Farbe, die für dich gerade schön, schützend, kräftigend ist – fließt in den Zwischenraum zwischen Haut und Eihaut, und du atmest so lange, bis sich dieser Zwischenraum ganz mit dem farbigen Licht gefüllt hat, so daß du jetzt in einer bunten, leuchtenden Schutzhülle stehst.

Wenn du jetzt Daumen und Zeigefinger einer jeden Hand zusammendrückst, kannst du diese Schicht aufleuchten lassen. Du kannst das einige Male tun, und dann läßt du die Vision von Eihaut und farbigem Licht langsam verblassen.

Wenn du dich angegriffen und ungeschützt fühlst, brauchst du nur noch die Fingerspitzen von Daumen und Zeigefinger zusammenzupressen – schon ist die Eihaut-Hülle mit dem farbigen Licht wieder fühlbar und für dein inneres Auge sichtbar. Du bist damit wirksam geschützt.

FESTE FÜR DIE FAULE HAUT

Wenn Vorbeugen besser ist als Heilen, ist lustvoll Feiern noch besser als Vorbeugen – auch abwechslungsreicher. Solche Feste können sich vom faulen Herumliegen bis zu ekstatischen Tänzen steigern, vom Kräutersammeln bis zur Wallfahrt. Zuerst hier aber meine drei *Grundübungen für stinkfaule Frauen*:

1. Du stehst aufrecht, die Beine etwa hüftbreit auseinandergestellt, hebst die Schultern an und läßt sie locker wieder fallen, wozu du idealerweise Kinn und Unterkiefer hängen läßt. (Je öfter du diese Übung machst, um so weniger wird dir aufgebürdet, um so lockerer werden deine Schultern.)

2. Du beugst den Kopf sachte nach rechts und küßt deine Schulter. Dann beugst du den Kopf nach links, nicht zu heftig, und küßt auch die linke Schulter. Die Schultern freuen sich, und diese Küsserei führt dazu, daß dein Schulterbereich dehnbarer und lockerer wird.

3. Du holst tief Luft, denkst an alles, was dich belastet und ärgert, und dann läßt du die Luft mit lautem Seufzen und Stöhnen wieder aus, wobei du die Gedanken mit hinausfallen läßt.

So, jetzt bist du wahrscheinlich befreit. Dann kann ich dir auch noch ein paar andere lustvolle Tätigkeiten nahebringen, die im Lauf der Zeit, häufig genossen (wer sagt, daß zuviel von etwas Lustvollem nicht gut sein kann?!), zu einer Bereicherung deines Lebens, zu einem gesünderen Körper und eventuell und womöglich sogar zu lustvollen Exzessen führen können.

Drei Feste, die du feiern solltest, wenn du schließlich eine wild gewordene Hausfrau werden willst:

Allerheiligen (Alle Heilerinnen): Wie in „Mond Tanz Magie" beschrieben, ist dies ein Fest für die wilden Weiber, für Hexen und Nachtdämoninnen, vor allem aber für die Percht und die Seelen, mit denen sie durch die Nacht, durch die Rauhnächte zieht. Wesentliche Zutaten für das Fest: struppige, wilde Kleidung, weiße Speisen, vor allem für die Percht und ihren Zug; für die Frauen, die feiern, sollte viel Knollen- und Wurzelgemüse serviert werden. In den Tänzen werden die Göttinnen gerufen, die uns im Winter begleiten sollen. Orakel nach Belieben, Feuer desgleichen. Heilgesänge, falls eine krank ist. Das wichtigste Attribut dieses Festes ist meiner Ansicht nach die Rassel. Wohl der Frau, die ihre ureigene Rassel schon gefunden hat.

Weiberfasnacht: Ist wohl ursprünglich ein Fest zum Winteraustreiben gewesen. In unserem Kulturgebiet ist es der Donnerstag (mardi gras) vor dem Faschingsende, der ganz den Frauen gehört. In der Oberpfalz feiern die Frauen die Weiberfasnacht, indem sie die Männer des Dorfs attackieren, kidnappen und mit dem Lösegeld Freß- und Saufgelage finanzieren. Dem Bürgermeister werden Versprechen abgerungen, die das ganze Jahr über gelten müssen. Die Frauen maskieren sich – nicht selten als Schweine. Sie feiern ganz unter sich, ohne Männer, und wer spioniert, wird nackt ausgezogen und fortgejagt. Die heutige Weiberfasnacht könnte ein Tag des uralten Rechts gewesen sein, an dem die Frauen Recht und Unrecht sortierten und straften. Gute Idee!

Walpurgis: Im Gegensatz zum „politischen Muttertag" (8. März) ist Walpurgis ein wildes, ungezügeltes, nichtzivilisiertes Fest der Frauen. Die Nacht vor dem 1. Mai ist Freinacht, aber anscheinend nur für Männer, die allerhand doofe Streiche spielen. Die weisen Frauen und

Hexen verabschieden in der Walpurgisnacht ihre Helferinnen des Winters, rufen die Lebenskräfte des Frühlings, wecken mit stampfenden Tänzen und Singen und Trommeln und Rufen die Erde und alle verbündeten Kräfte auf. Im Tanz wird das Bündnis erneuert. Ein Fest der Macht und der Fülle ist Walpurgis.

Zu diesen drei Festen für Frauen gesellen sich drei Wallfahrten, die als Urlaubsreisen gemeinsam oder auch allein geplant werden können.

1. Reise zu einer oder mehreren Heilquellen. Heilendes Wasser ist und bleibt ein wesentliches Mittel zur Regeneration des Körpers und der Seele. Es gibt überall in Deutschland, in der Schweiz, in Österreich starke und gute Heilquellen. Oft sind es Quellen für Anna, die Mutter der Maria (wenn du etwas über Anna erfahren willst, lies Erika Wisselincks Buch „Anna"). Auch Marienquellen deuten oft auf einen keltischen Göttin-Ursprung der Quelle hin. Feststeht, daß die meisten Heilquellen in Europa früher keltische oder germanische Quellheiligtümer waren, jedenfalls in unserem Kulturbereich. Eine wundervolle Reise kann dich zu den bretonischen Heilquellen führen, wo du auf einer Trinkreise von Quelle zu Quelle, von Brunnen zu Brunnen fahren kannst – sie sind alle gut mit Zug, Bus und auch mit dem Fahrrad erreichbar. Ich habe mit meiner Freundin Margarethe so eine Trinkreise gemacht, die wir noch mit dem Besuch keltischer Steindenkmäler anreicherten. Diese Reise hat uns für Jahre gestärkt und gegen die Widrigkeiten des Lebens gefeit/gefeyt gemacht (gefeyt machen ist ein volkstümlicher Ausdruck für „durch Feen unterstützt und gestärkt" oder „mit Feenhilfe unverwundbar gemacht").

Als schönste Quelle ist mir die Quelle der Viviane im Forêt de Barenton in Erinnerung, die außerdem noch eine Orakelfunktion hat. Du stellst eine Frage, und wenn diese Frage mit Ja beantwortet wird, blubbert die Quelle. Ich könnte viele schöne Heilquellen nennen, glaube aber, daß es viel befriedigender ist, wenn jede Frau ihre eigenen starken Quellen findet (dann sind die einzelnen auch nicht so überlaufen).

Einer Heilquelle sollten schöne Geschenke gebracht werden. Bevor du das Wasser trinkst oder abfüllst, solltest du singen und vielleicht auch tanzen. Das mögen die Quellnymphen gern. Nach dem Wasserholen oder auch nach dem Heilritual solltest du dich bedanken und verabschieden. Auch wenn du die Wesen nicht wahrnimmst oder siehst, die an einer Heilquelle leben, du kannst sicher sein, daß sie da sind und dich sehr genau beobachten. Gute Beziehungen zu den Geistern von Heilquellen sind lebensrettend.

Schamaninnen können aus Heilquellen Orakel lesen. Sie stellen eine Frage und beobachten die Wasseroberfläche und lesen daraus die Antwort. Folgt dem Orakel der Ruf eines Tiers, so wird es positiv bestätigt.

2. Reise in die salzige Luft. Diese Reise kann für Hautkranke besonders wichtig werden. Salzige Luft findest du immer am Meer, aber auch in ehemaligen Salzstollen in den Bergen. Die Silben Salz und Hall helfen dir weiter, wenn du nicht weißt, wo Salz gefördert wurde. Aber ich kann dir auch gleich verraten, daß Bad Reichenhall ein Luftkurort mit salziger Luft ist, wo du in Wandelgängen feuchte Salzluft atmen und auf die Haut lassen kannst. Die preisgünstigere Version einer Reise in die Salzluft ist ein Bad mit Salz (Meersalz aus dem Reformhaus). Und die feudalste Version ist sicher eine Reise zum Toten Meer, aber nur wenn du Schuppenflechte oder andere schwere Hautleiden hast, wird dir die Krankenkasse etwas dazubezahlen.

3. Reise zu den Wacholderbüschen im Herbst. Es ist gut, diese Reise allein zu machen. Miete dich irgendwo in der Lüneburger Heide oder auf der Schwäbischen Alb ein oder besuche Freundinnen, wenn du dort welche hast. Du kannst auch zelten oder im Freien schlafen, aber die beste Reisezeit in die Wacholderbeeren ist der Spätherbst. Nachmittags ziehst du los und suchst dir weibliche Büsche. Sie tragen dunkle Beeren – die sind reif – und grüne Beeren, die bleiben noch ein Jahr am Mutterstrauch dran. Pflück für den Winter pro Tag drei reife Beeren, wobei du am Luzientag (13.12.) zu zählen anfängst und mindestens bis Lichtmeß (2.2.) rechnest.

Das Beerenpflücken ist ein Ritual, in dem du dich zuerst mit dem Busch bekannt machst, wobei du deine Rassel, deine Trommel oder ein Instrument, das du gern spielst, oder auch deine Stimme einsetzt, um dich vorzustellen. Nach dem Gesang oder dem Trommeln/Rasseln fühlst du dich in die Wacholderin ein. Versuch zu spüren, wie sie sich von innen anfühlt, wie sie Kraft aus der Erde zieht und in ihre Beeren strömen läßt. Wenn du sie stark spüren kannst, bitte sie, dir Beeren zu schenken. Nimm von jedem Strauch nur wenige Beeren, räum nicht einen ganzen Strauch ab. Wenn du mit dem Pflücken an einem Strauch fertig bist, bedank dich, hinterlaß ein kleines Geschenk, schöne Steine, bunte Bänder, Getreidekörner oder Ähnliches. Wenn du alles gesammelt hast, was du brauchst, mach ein kleines Ritual für die vier Elemente, den Himmel, die Sterne. Du kannst deine Verbündeten rufen, falls du schon welche hast. Vielleicht findest du ja dort die eine oder andere. Du kannst natürlich auch dort schlafen und vor dem Einschlafen in eine Art Trance gehen, in der du die Wacholderin besuchst und die Wacholdermutter aller Büsche rufst und sie um Rat bittest.

Wacholdermedizin ist mächtig. Wenn du krank bist, ist sie besonders wertvoll, aber auch wenn du gesund bist, macht sie dich stark.

VIER JAHRESZEITEN FEIERN

Im *Frühling* ist der Körper müde vom Winter. Die Lebenskraft ist oft auf Null gesunken. Alles sehnt sich nach Sonne, Licht, Luft und Wärme. Die Haut ist von der Heizungsluft ausgetrocknet. Jetzt ist es Zeit, die Lebensgeister neu zu wecken, alle Sinne anzuregen und sich aus der Tiefe des Winters abzustoßen hinaus in die neue Lebendigkeit des Frühlings. Ein Ritual des Schwitzens und des kalten Wassers, des Verbrennens alter Kräfte und des Erneuerns ist angesagt.

Ich fahre dazu hinauf an meinen Medizinplatz im Gebirge. Das Schmelzwasser springt die Felsen herunter, ich suche mir einen Platz, an dem ich ein Feuer machen kann. Fünf Stöcke von Körperlänge stelle ich zu einer Art Zeltgerüst zusammen (im Bett des Gebirgsbachs liegen sie herum, ich fälle keinen jungen Baum!) und werfe ein paar alte Tücher und Decken darüber, die ich mitgebracht habe. Wenn das Feuer heiß brennt, lege ich große Steine hinein und lasse sie etwa zwei, drei Stunden drin, während ich das Feuer gut schüre. Währenddessen hebe ich im provisorischen Zelt eine Grube aus und dichte die Seiten ab, indem ich die herunterhängenden Tücher mit Steinen beschwere. Sind die Steine im Feuer heiß, lege ich sie mit einer nassen Astgabel in die Grube im Zelt. Du hast es erraten – es ist so eine Art Schwitzhütte, wobei es gar nicht so wichtig ist, daß es kochend heiß wird. Heiß genug, um zu schwitzen und alle Lebensgeister, alle Ahninnen zu rufen, ihnen zu danken, sie um Kraft zu bitten. Ich bleibe so lange drin, wie ich es aushalte, dann wasche ich mich im eiskalten Bachwasser ab. Dann reibe ich mich mit Erde und Lehm ein, setze mich noch einmal zu den heißen Steinen, singe und lasse Bilder aufsteigen. Wenn die Erde auf der Haut getrocknet ist, wasche ich sie im Bach ab und ziehe mich an. Dann stampfe und tanze und singe ich, bis mir ganz warm ist. Im niedergebrannten Feuer verbrenne ich Dinge, die ich auflösen will. Briefe, aufgeschriebener Kummer, alte Blumen, ein Kränzchen vom letzten Johannisfeuer und ähnliches. Manchmal auch Fotos oder gemalte Bilder. Es ist schön, wenn dieses Ritual an einem Vollmond stattfindet, denn dann kann ich dem Mond zuschauen, der hinter der Bergkuppe hervorkommt, und sitze einfach da und träume.

Das Frühlingsfest weckt die Lebensgeister und reinigt den ganzen Körper und die Seele von alten Winterablagerungen.

Im *Sommer* wird der Körper warm und breit und lüstern und möchte sich feiern. Überall riecht es nach feinen Kräutern und Blüten. Das Sommerfest oder die Sommerfeste lassen sich am besten mit vielen Frauen feiern. Der Tag vergeht mit der Suche nach Naturmaterial, aus dem Masken und Kleidung geflochten und gebunden werden. Der Körper wird zuerst mit wohlriechenden Ölen massiert, bemalt und schließlich mit Gras und anderen Geflechten geschmückt. Schön ist es, zum Tanzen Grasmasken zu haben, die während des Tages geflochten wurden. In der Abenddämmerung wird ein Feuer gemacht und ein üppiges Festmahl als Erdbüffet aufgetragen. Jede Frau bringt etwas dazu. Früchte, Gemüse, Salate, Brot, vielleicht sogar Gebildbrote (d.h. Brote oder Kuchen in Göttinnen- oder Tierform). Nach dem Essen beginnt der Tanz. Zuerst wird der Sommer gefeiert. Kräuterbüschel liegen auf einem improvisierten Altar und werden aufgeladen zum Heilen. Alle springen über das

Feuer. Trommeln, Rasseln, Flöten, alle möglichen Instrumente werden zum Tanz gespielt. Wenn die Nacht gefallen ist und nur noch das Feuer mit seinem Schein das Dunkel erhellt, ist es Zeit für das Wunschritual. Jede Frau spuckt ins Feuer und sagt ihren Wunsch. Zum Wünschen ist zu sagen, daß es gar nicht so einfach ist, gut zu wünschen. Du solltest dich also für das Fest vorbereiten, indem du überlegst, was ein guter Wunsch sein könnte. Bedenke alle Auswirkungen, die ein Wunsch hat, und arbeite an der Formulierung. Am schönsten ist es, wenn kunstvoll geschriebene und gemalte Wunschzettel dem Feuer gegeben werden und dann im Feuer „aufgehen". Um die Wunschkraft noch zu verstärken und zu befördern, können auch Feuerbrettchen als Gaben für das Feuer gemacht werden. Ein Feuerbrettchen wird bemalt, vielleicht sogar geschnitzt, alle möglichen Geflechte, Bilder, Ketten oder ähnliches werden auf dem Brettchen befestigt. Du kannst das Brettchen als Figur schnitzen, du kannst es mit Blüten und Samen schmücken – der Phantasie sind keine Grenzen gesetzt.

Wenn das Feuer heruntergebrannt ist, wird symbolisch Wasser darübergegossen, auch wenn es nicht mehr gefährlich ist.

Am nächsten Morgen sollten alle Frauen ein Abschiedsritual machen. Alle geben sich die Hand. Dann wendet eine Frau sich ihrer Nachbarin zur Linken zu und sagt: Ich gebe dir... mit! Das heißt, sie benennt eine Kraft oder Eigenschaft, die sie zu geben hat, die ihre besondere Stärke ist. Jede Frau gibt ihrer Nachbarin zur Linken eine bestimmte Kraft mit, dann wird der Kreis gelöst.

Die Kräuter, die beim Sommerfest aufgeladen oder geweiht wurden, eignen sich besonders gut, um hartnäckige Leiden zu heilen. Du kannst auch Bach-Blüten, Heilsteine oder sonstige Substanzen beim Fest aufladen. Du mußt sie halt vorher mitbringen.

Es versteht sich, glaube ich, von selbst, daß der Platz, an dem gefeiert wird, so verlassen wird, wie er vorgefunden wurde. Ich finde Feste mit vielen hundert Frauen problematisch, weil allein schon die Menge eine gewisse Zerstörung beinhaltet. Eine kleine Gruppe stellt für die Umwelt keine Belastung dar, wenn die Frauen verantwortungsbewußt nicht nur alles wieder mitnehmen, was sie gebracht haben, sondern auch davon Abstand nehmen, unmäßig Kräuter und Wurzeln zu sammeln. Kleine Mengen genügen, und ein neues Jahr bringt neue, frische Kräuter.

Im *Herbst*, um die Erntezeit, wird die Fülle der Natur eingeholt, um uns im Winter zu stärken. Ein Fest am Ende der Apfelsaft- und Marmeladeneinkochzeit wird ein Fest der Fülle und ein Fest des Rufens. Noch ist alles da. Die Farben leuchten wie nie, die Natur glüht noch einmal auf, ehe sie sich zurückzieht in die Tiefe der Erde. Der Herbst macht uns die Schwelle des Todes fühlbar. Das Herbstfest kann zwar gut auch im Freien gefeiert werden, es ist aber auch schön, einen Raum mit buntem Herbstlaub, Obst, Blumen und Sträußen zu schmücken und das Tanz- und Ruffest im Schutz eines Raums zu feiern.

Ein sanfter Klangteppich bereitet den Boden, auf den die verbündeten Frauen gerufen werden. Dann singen die zusammengekommenen Frauen alle Göttinnen und Ahninnen, alle Namen und Kräfte, die sie für den Winter zusammenholen wollen.

Wenn alle zu rufenden Wesen im Raum sind, kann eine Frau nach der anderen sagen, welche Kraft, welche Eigenschaft sie sich für den Winter holen will. Eine sagt vielleicht: Ich brauche Mut. Und alle rufen und rasseln und singen dazu. Die nächste braucht vielleicht Heiterkeit, und so weiter.

Am Schluß kann eine Tarotkarten-Spirale ausgelegt werden, und eine Frau nach der anderen geht hinein und zieht sich im Hinausgehen eine Karte. Die anderen bereiten ihr den Klangteppich, den sie gern haben möchte. Zischen, Flüstern, Summen, melodisches Singen, Rhythmus, Stampfen, jede findet ihren Klang.

Wenn ihr über die Karten sprecht, geht von einer gemeinsamen Basis aus: Jede Frau hat recht, was ihre Karte betrifft. Jede mag zu jeder Karte eine andere Meinung haben, aber grundsätzlich ist keine richtig oder falsch. Grundsätzlich geht es beim Kartenlesen um eine Spiegelung der eigenen Kraft, der eigenen Wünsche, Motive und Gründe. Jede ist ihres Glückes Schmiedin, und jede bestimmt über ihr Leben – und wenn es einer anderen noch so verrückt vorkommt. Erst die völlige Freiheit, zu definieren, was wir sehen, fühlen und kreativ umsetzen, gibt uns ja unser Leben voll in die eigenen Hände. Die einzige Autorität über mein Leben bin ich.

Der *Winter* ist eine Zeit des Rückzugs, des Lernens und Lehrens, des Mit-Teilens. Ein wunderschönes Winterritual ist es, viele, viele Kerzen anzuzünden, so daß die Seele in einem Lichtermeer baden kann, und sich dann gegenseitig Geschichten zu erzählen oder jeweils eine Frau oder Ahnin vorzustellen. Wenn ein Kreis von Frauen zusammenkommt und jede stellt den anderen eine Frau der Geschichte vor, die ihr wichtig ist, und erzählt, warum, dann haben wir bald viele, viele Vorbilder. Die Geschichte wird bald nicht mehr eine Aufreihung von Schlachten, Kriegen und Feldherren sein, sondern ein Gewebe aus Ereignissen, interessanten Frauen, unbekannten Handwerkstechniken, wir werden Piratinnen, Handwerkerinnen, Fürstinnen, Hexen und Hebammen kennenlernen. Im Winter könnte gut auch eine Phantasiereise in andere Zeiten und Ebenen stattfinden. Eine Frau kann sie führen, oder alle können zusammen abreisen. Wichtig ist, daß der Körper gut warm gehalten wird. Die Entspannung sollte von den Füßen aufwärts zum Kopf gesprochen oder gedacht werden, weil sich Kopf und vor allem Unterkiefer und Kinn am schwersten entspannen lassen. Nach einer Körperentspannung könnt ihr in der Phantasie einen vorher bestimmten Ort aufsuchen, an dem ihr euch zum Ende der Phantasiereise auch wieder trefft.

Zum Schluß des Winterfests sollte reichlich mit Salbei geräuchert und gerasselt werden.

Den ganzen Winter über sichern weiße Speiseopfer auch die Nahrung für die Tiere.

REISE AUF DER HAUT

Warme Luft streicht über die Haut. Die Wege der Haut dehnen sich mit jedem Atemzug. Die Hände der Physiotherapeutin wandern über die Zeichen der Haut wie über Blindenschrift. Sie liest, ich entziffere. Während ihre Fingerspitzen Muskelstränge aufspüren und an Knotenpunkten zögern, laufen die Impulse der Haut schaudernd mit, sammeln sich, sobald die Fingerspitzen zur Ruhe kommen. Und die ganze Hautoberfläche besteht aus einem großen Horchen und Vibrieren. Die verspannten Muskeln unter der Haut sperren sich gegen die Berührung.

Be-rührt werden. Gerührt sein. Aufgerührt. Aufgewühlt. Das ist spannend. Angespannt. Ich lasse mich dafür nicht einspannen. Aber die Muskeln sind angespannt. Warten. Verkrampfen. Berührung. Erinnerung. Jeder Punkt hat viele Erinnerungen gespeichert. Jede Gewalt, jeder Schlag, jede zärtliche Berührung ist in die Chronik der Hautpfade eingegangen. Die Landkarte der Haut ist voller Traumpfade und Gesänge.

Die Hand greift ein. Eingreifen. Tief greifend. Im Bauch gurgelt es. Die Hautimpulse beamen sich in die verschiedenen Organe. Ein Druck auf der Fußsohle kommt als Stich in der Leber an. Ein zartes Schaukeln auf der linken Gesäßseite löst einen verspannten Schultermuskel, den ich gerade zum erstenmal gespürt habe. Fremdes Land Haut. Fremde Hände erschließen unbekannte Gebiete. Gebieterin meines Körpers? Ein Klingeln läßt die Haarwurzeln hochschnellen. Gänsehaut. Warum stellt die Haut sich auf, wenn ein scharfer Ton angeschlagen wird?

Ich sinke in Entspannung. Meine inneren Organe sind gut versorgt, und Wohlgefühle steigen wie Blasen zur Hautoberfläche, wo sie von Fingerspitzen aufgefangen werden und sich verteilen lassen zu einer Art Flüssiggenuß, direkt unter der Haut. „Das Bindegewebe ist lokker", sagt Maria Wimmer, die Physiotherapeutin. „Wenn irgendwo im Körper eine Störung ist, dickt es ein, wird fest, läßt sich nicht mehr von den unteren Hautschichten lösen." Sie nimmt die oberste Haut zwischen ihre Finger und schiebt sie hin und her. Das geht ganz leicht und zwickt ein bißchen. „Alles kommt auf der Haut an, und alles fließt durch die Haut nach innen. Jede Störung, jeder Streß, jede minimale falsche Belastung, wenn ich im Kreuzbeinbereich deine Haut bearbeite, kommt das im Darm an und gurgelt." Und der Darm antwortet gurgelnd. Wo sie sich durch Gestrüpp und Dickicht arbeitet, wo die vergessenen Zonen meiner Hautwahrnehmung liegen, schießt akute Wahrnehmung ein. Alle Empfindungsimpulse scheinen sich jetzt dort zu versammeln. Der Rest der Haut wiegt sich im Atem. Schmerz, der Atem stockt. Anspannung. Sofort stellt sich Gänsehaut auf. Wache Aufmerksamkeit. Und wieder Entspannung, wenn irgendwo im Körper Entwarnung gegeben wird. Vertrauen. Während das rechte Bein geschaukelt und gezogen wird, wird das linke Bein kühl. Die rechte Seite scheint doppelt so weit und groß und lebendig. Meine Körperwahrnehmung spielt verrückt. Wer sagt mir, daß das nicht wirklich mein Körper ist: diese überdimensionale rechte Pobacke, das heiße lange rechte Bein. Der schmale, kurze linke Fuß, das struppige Bein. Dann wandern Marias Hände hinüber, und die linke Seite dehnt sich aus. Be-handelt werden. Hand auf alten Wanderkarten der Haut. Dieser Weg ist noch gangbar.

Dieser Kanal ist noch durchlässig. Von dieser Stelle fließt noch Kraft in die Tiefe, und hier steigt noch Kraft auf. Die Zellen unterhalten sich mit den Zellen der Fingerspitzen. Lernen sich kennen. Tauschen sich aus. In der Begegnung mit den fremden Fingerspitzen fühle ich mich.

Dann die Berührung einer weichen Decke, und ich sinke, weit, leicht, in einen Traumtanz, wo alle Muskeln frei beweglich spielen und alle Poren sich öffnen für neue Impulse. Ich muß eingeschlafen sein. Maria ist gegangen. Ein Auto fährt vorbei und gibt mir meine Körpergrenze wieder. Die endlose Weite ist der Trennung von Innen/Außen gewichen. Wie nach einer langen Wanderung bin ich entzückt von all den Entdeckungen, die ich unterwegs gemacht habe, die ich ohne kundige Führung nicht gefunden hätte, so weit von meinem Bewußtsein entfernt, auf der dunklen Seite meines Mondes.

REISEN IN DIE HAUT, UNTER DIE HAUT

„Pain had a way of changing the body. Human skin became something else, a wall, a membrane between the world of creation and the world of destruction." Belle Graycloud in „Mean Spirit" von Linda Hogan. (Der Schmerz änderte auf eine Art den menschlichen Körper. Die Haut wurde etwas anderes, eine Wand, eine Membran zwischen der Welt der Schöpfung und der Welt der Zerstörung.)

Töne. Wenn ich als Kind Bauchschmerzen, Durchfall, Verstopfung oder sonst einen Schmerz im Leib hatte, legte ich mir die Gitarre meiner Mutter auf den Bauch und spielte die tiefe E-Saite, bis ich ganz ruhig wurde. Was immer das Problem war – es ging weg.

Heute habe ich ein Monochord, und ich spiele es auch sehr oft auf meinem Körper. Der Instrumentenkörper liegt auf mir, mit den Fingern laufe ich über die Saiten und spüre, wie die Töne gleich Wassertropfen in die Haut einsickern. Durch das Brustbein und in die Thymusdrüse, durch den Solar Plexus, durch die Bauchdecke. Die Töne perlen von den Saiten ab und fallen einfach in meinen Körper, verteilen sich in den Brüsten, in der Lunge, im Magen, im Bauch, in den Eierstöcken und in der Gebärmutter. Die Blase gurgelt, der Darm schwingt mit, die Töne berühren die Wirbelsäule und wecken die Nerven, die durch die Wirbel nach oben streben. Irgendwann beginnt das Knie zu vibrieren, das linke zuerst, weil auf dem linken Bein das Monochord liegt. Die Vibration läuft bis in die Zehen. Während die Töne im Körper ausschwärmen und sich ein Hindernis suchen, um es sanft zu schütteln, spüre ich die Blockierungen, spüre, wo ein Klang schmerzhaft aufläuft, wo die Schwingung unangenehm wird. Atme dort hin.

Ich schiebe das Monochord höher, so daß das obere Ende auf der Stirn liegt. Fange wieder an, die Finger über die Saiten wandern zu lassen. Endlose Kaskaden von immer gleichen Tönen, die Obertöne und Harmonien bilden. Manchmal stoppe ich eine Saite mit dem Fingernagel, es gibt ein klirrend metallisches Geräusch. Dieses Geräusch aktiviert die schlafenden Unruheherde.

Ich beruhige meinen Körper mit Gedanken und meiner Atembrandung. Langsam lasse ich die Töne ausklingen, spüre noch die allerletzte Schwingung und lasse die Stille auf der Haut pulsen. Alle Hautzellen fühlen sich jetzt an wie ein frisch gegossenes buntes Blumenbeet. Ich fühle mich wie nach einer Dusche. Mein Geist ist weich und offen.

Traumhaut. Sie dehnt sich und schrumpft, wie ich es will. Sie wird dicht, weit, porös, trocken und heiß, feucht und sanft, wie ich es will. Ich dehne sie mit meiner Imagination: höher, weiter, ich wachse in den Himmel, berühre die Wolken, reibe meine Wirbelsäule an einem Blitz, tanze mit dem Donner. Durch meine Fußsohlen wachsen Wurzeln, ich lasse mich vom Wind hin- und herschaukeln. Die Wurzeln graben sich tief ein, umgehen Hindernisse, schieben Waschmaschinen und Kohlenvorräte, Werkzeug und Kisten beiseite, berühren die Haut der Erde, schieben sich tiefer, spielen mit den Erdkrumen, schlängeln sich weiter hinein, tanzen, berühren andere Wurzeln. Ziehen Flüssigkeit und Nahrung aus der Erde, saugen alles ein und verteilen es in meinem Körper. Mit jedem Atemzug steigt Nahrung auf und stärkt mich,

ich werde so hoch wie das Universum, so breit wie der Erdball. Schwer, fest, dick und mächtig. Und dann leicht und flüchtig, immer noch verwurzelt, verändere ich meine Gestalt, wie es mir einfällt, wachse und lasse mich wieder schrumpfen, ziehe meine Wurzeln wieder zurück und ganz in den Körper hinein, sinke hinein in meinen Körper und lasse all die Verwandlungssubstanz in meinem Bauch zu einer flüssigen Energiekugel zusammenlaufen. Und nie vergesse ich, daß ich meine Gestalt wandeln kann. Daß ich furchterregend groß und winzig wie eine Maus sein kann. Mit jeder runden Bewegung meiner Hüften schaukelt meine Verwandlungssubstanz im Bauch, bereit, mich auf meinen Verwandlungsreisen zu begleiten.

Visionen: Spinnweben. Staub. Zerzauste Haare. Schmutzige Füße. Schmutzige Nägel. Wettergegerbte, faltige Haut. Der eigene Körpergeruch. Schleim. Schlangenhaut. Der warme, muskulöse Körper einer Python. Hecke. Dickicht. Wucherndes Gestrüpp. Dornen. Schatten. Grobes Gewebe. Sumpf. Krötenquaken. Orchideen. Wasserlilien. Schwarzmooriges Wasser. Schlamm. Würmer. Fischlaich. Schlingpflanzen. Grasbüschel auf Sumpf. Von Saponinen ölige Blasen auf dem Sumpfwasser. Fetzenrock. Schmutzige Füße. Zerzauste Haare. Staub. Spinnweben.

Ein Versuch mit der Eigenmacht. Ich bin machtlos. Ich bin klein, lächerlich, ohnmächtig. Um mich her geht die Welt zugrunde, und ich kann nichts tun. Wirklich nichts? fragt die Marderin und zwingt mich, das Auto aufzugeben. Was kann ich denn tun? Nutz deine Macht. Verwandle dich, verbünde dich. Wie? Ich lese die Geschichte einer Frau, die in Spanien vergewaltigt wurde und die ganze Zeit nur die Fliege auf dem Haar des Mannes wahrnahm. Hilf mir, bat sie die Fliege. Der Mann ließ sie halbtot liegen. Die Fliege begleitete ihn. In irgendeiner scharfen Kurve verlor er sein Leben. Auf seinem Gesicht saß eine Fliege. Eine kleine Fliege. Wie finde ich meine Eigenmacht?

Ich setze mich einem Bild der Kali gegenüber. Ich atme sie ein. Atme ihre Kraft ein, ihre mächtige, furchterregende Erscheinung. Ich verwandle mich. Ich blinzle in die untergehende Sonne und lasse ihre Hitze durch mich hindurch in meine Fingerspitzen fließen. Mit dieser Hitze wickle ich einen Löffel mehrmals um seinen Stiel, weich wie Butter.

Es ist ganz einfach. Ich darf nur nicht mit Gedanken blockieren. Wenn ich die Energie so strömen lasse, daß sie sich ganz in mir ausbreiten kann, werde ich stark und mächtig.

Ich gehe nachts vom Kino nach Hause. Junge Kerle pöbeln mich an. Ich muß nur einatmen. Das ist alles. Ich grinse. Wenn ihr nicht aufpaßt, atme ich euch ein. Ich wachse. Ich drücke die Zeigefinger und Daumenspitzen gegeneinander. Meine Schutzschicht leuchtet spielerisch auf. Ich muß lachen. Alles ist so einfach. Sie sind verwirrt. Nichts ist gefährlich.

Nur durch einen Gedanken kann meine Haut ein Gebirge werden, ein Strom, ein Feenkleid, eine Spinnwebe, ein Igelstachelkleid, ein Gürteltierpanzer, ein weiches Fell. Nur durch einen Gedanken wachsen mir Raubtierzähne, meine Augen spucken schwarzes Feuer, mein Mund vulkanisches Gift, aus meiner Vagina tropft Sekundenkleberschleim.

Nur durch einen Gedanken werde ich zu Boadicea, kühn, furchtlos, meine Hand ein tödliches Schwert, mein Lachen eine eisig scharfe Klinge. Nur durch einen Gedanken fließt Farbe und Form aus mir.

Ich durchbreche unsere gemeinsame Verabredung:

Ich bin jeden Tag eine andere, und es gibt keine Garantie mehr, daß ich die bin, die ich bin.

Auf dem Weg zur Schmutzigen Frau hast du dich sehr gut gehalten. Du weißt, wie du feiern, wie du dich heilen, wie du deinen Schmerz lindern kannst, oder jedenfalls hast du ein paar neue Möglichkeiten dazugelernt. Du hast dich mit Erde und Lehm, mit Feuer und Essig, mit Wacholderbeeren und Rasseln angefreundet. Zaghaft malst du dir schon mal das Gesicht an und setzt einen Fuß vor den anderen, um ein bißchen zu stampfen. Du schaust die Mondsichel mit neuen Augen an und horchst auf die Stimme aller Wesen. Du bemühst dich, nichts falsch zu machen, und versuchst, alles so gut wie möglich hinzukriegen, und jetzt – jetzt wird alles verdreht und verkehrt.

Mag sein, daß ich geschrieben habe, natürliche Fasern tun der Haut gut. Mag sein, daß Erde und Lehm und Wacholder und Rasseln gut sind. Mag sein, daß du Bach-Blüten-Tropfen oder Quark, Asche oder Rosmarinöl, Salbeirauch oder ein Lichtermeer brauchst. Aber plötzlich wird alles verrückt und verdreht. Wenn das Heilige zu heilig wird – schieb dir einen Hamburger rein. Wenn du alles getan hast, um deiner Haut gut zu tun – hundert Prozent Acryl ist die Antwort. Wenn du alle guten Ratschläge befolgt hast – scheiß drauf. Kehr alles um. Mach alles mit links. Sei respektlos. Verdrehe den Leuten die Worte im Mund. Lüg, was das Zeug hält. Hör auf, respektabel und zuverlässig zu sein. Mach dich über Autoritäten lustig, beleidige sogar die Göttin.

Warum?

In allen alten Stammeskulturen gibt es eine sehr weise Erkenntnis: Das Heilige, das Wichtige, das Gute und Heilsame muß gelegentlich gerüttelt und geschüttelt werden, um nicht zu versteinern. Bei den Hopi gibt es Zeremonien, bei denen die unflätigsten Dinge gesagt, die unerhörtesten Obszönitäten getan werden. Die Geister und Götter und Göttinnen werden beschimpft, das Wundervolle wird zur Banalität erklärt, und alle heiligen Riten werden verdreht. Bei uns gibt es dieses Phänomen noch zu Fasnacht, im Fasching. Da darf gespottet und verlacht werden, was eigentlich hohes Ansehen genießt (oder jedenfalls genießen sollte). Vielleicht gibt es deshalb dann gleich den politischen Aschermittwoch, an dem alle wieder auf Linie eingeschworen werden.

Jedenfalls ist dieses Verkehren der Werte, das Verdrehen und Verrücken der Realität eine Kraft, die wir tatsächlich bitter nötig haben. Dem Hirn tut es gut, wenn ungewöhnliche Dinge getan werden, wenn du, statt alles mit rechts zu tun, alles mit links tust. Wenn du mal alles rückwärts machst, wenn du am Abend frühstückst und am Morgen ein Drei-Gänge-Menü ißt.

Wenn es deine Angewohnheit ist, pünktlich zu sein, solltest du endlich einmal unpünktlich sein. Was du nie zu sagen gewagt hast, sage es jetzt. Wo du wütend brüllen willst, lach. Wo du einverstanden bist, schimpfe. Wenn du es nie gewagt hast, jemandem ehrlich die Meinung zu sagen – jetzt ist der Zeitpunkt. Schreib einmal von rechts nach links und von unten nach oben. Verdreh deine Worte und sprich alles verkehrt herum.

Laß die Kinder Mutter sein. Laß den Chef auflaufen und erkläre ihm, daß es therapeutisch notwendig ist, für deine und seine Kreativität, daß er auf allen Vieren kriecht. Geh rückwärts aus dem Zimmer.

Stell dich auf den Kopf. Erlaube alles, was du vorher verboten hast. Laß dir von den Kindern die Welt erklären. Bitte um etwas. Bedanke dich nicht. Erkläre nichts.

Mach etwas Unerhörtes, Außergewöhnliches. Geh einfach zu Fuß aus der Stadt hinaus. Ruf eine fremde Person an und frag sie, ob sie dir was zu sagen hat.

Was fällt dir ein!

Ja, was fällt dir dazu ein?

ALS ICH MICH EINMAL NICHT MEHR WUSCH

Eines Tages hatte ich keine Lust mehr, mich zu waschen. Ich dachte: „Jetzt lasse ich mich verdrecken." Doch nach drei Tagen mußte ich eine Flugreise antreten. Ich fand kein Gesetz, das von Fluggästen verlangt, sich zu waschen. Der Gestank der vielen Herrenparfüms hatte mich immer schon gestört. Also aß ich vorher noch eine Knoblauchzehe. Ich hatte bereits in der Wartehalle genug Platz, um meine Füße auf einen Stuhl zu legen. Im Flugzeug floh ein Mann, der gerade seine Zeitung über meinen Schoß breiten wollte. Er warf mir einen Blick zu, der vermutlich vernichtend sein sollte. Ich hatte jetzt aber Platz, meine dreckigen Füße hochzuziehen.

Ich ging in eine Boutique. Die Verkäuferin sagte sofort, da war ich noch nicht richtig über die Schwelle: Wir haben nur Kleidung bis Größe 38. Ich bin nicht soo fett, sagte aber: Ich wollte gar nichts kaufen. Ich mußte nur gerade niesen, und da hat es mir den Tampon herausgedrückt. Haben Sie vielleicht eine Toilette? Sie starrte mich entsetzt an. Sisterhood is powerful! grinste ich. Da lachte auch sie.

Ich habe irgendwann wieder angefangen, mich zu waschen. Aus Rücksicht auf meine Tochter und meine Mutter vermutlich. Aber als mich einmal ein Mann dumm anmachte, furzte ich ihn an. Also! sagte er. Ich habe kein Auto mehr, deshalb habe ich ein paar Kohlenmonoxydanteile gut! sagte ich.

Und ich kann mich immer noch nicht genug darüber wundern, daß heutzutage im Fernsehen alles, aber auch alles gezeigt werden kann. Frauen werden vergewaltigt, zerstückelt, gevierteilt, Maschinengewehre mähen täglich die Bevölkerung einer Kleinstadt nieder, Häuser werden zerstört, Messer gezückt, Bäuche aufgeschlitzt, Raketen abgefeuert, Kinder mißhandelt. Aber wenn mal eine Frau wie ich mit nackten Füßen und gekreuzten Beinen in einer Talkshow sitzt, dann laufen die Telefone heiß, und alle beschweren sich, ob man sich das im Fernsehen gefallen lassen muß, daß eine Schlampe so herumsitzt, mit dreckigen Füßen, und auch noch ihren Senf abgeben darf?

Ja, die Zeiten ändern sich, und ich sehe es kommen: Die Frauen lassen die Sau raus.

LUISA FRANCIA

SPIELEND SCHEITERN

Leidfaden
für Frauen
mit 13 Tips
zum Mißerfolg

Frauenoffensive

ISBN 3-88104-203-2   128 S.   DM 18,–

Luisa Francia
DIE 13. TÜR

Frauenoffensive

ISBN 3-88104-210-5   128 S.   DM 18,–

Luisa Francia
ZAUBERGARN
Frauenoffensive

ISBN 3-88104-190-7   120 S.   DM 19,80

LUISA FRANCIA

Kalypso

Frauenoffensive

ISBN 3-88104-138-9   100 S.   DM 14,80

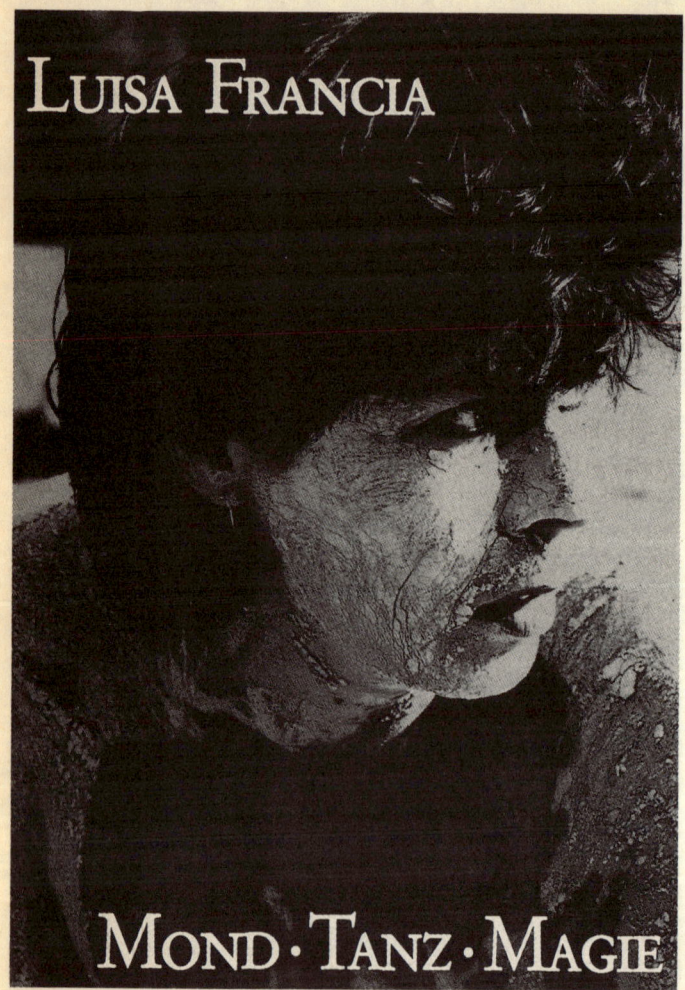

LUISA FRANCIA

MOND · TANZ · MAGIE

ISBN 3-88104-152-4   144 S.   DM 26,80